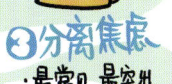

孩子容易焦虑，该怎么办？

1 焦虑 基本概念

- 积极的焦虑 —— 寻求解决策、警觉提醒
- 消极的焦虑 —— 关系紧密，相互作用

焦虑症的 3 种表现形式：
① 生理症状 ② 认知症状 ③ 行为症状

2 焦虑症种类

① 广泛性焦虑症(GAD)
- 过分担忧
- 持续紧张
- 无明显诱因

② 恐惧症
- 不受自主控制
- 选择逃避

③ 分离焦虑
- 最常见，最突出

④ 惊恐障碍
- 受反复、突然的惊吓
- 常见于青春期的孩子

⑤ 强迫症
- 偏执的想法
- 难以控制的行为

⑥ 创伤后应激障碍

⑦ 其他焦虑症

3 导致

家庭因素

请扫码听语音解读

6 应对之道

焦虑是孩子成长过程中一个重要的部分！
·关注 ·沟通 ·倾听 ·帮助表达

1. 策略和方法
2. 应避免的行为
3. 放松的技巧
4. 需要治疗的孩子
5. 焦虑症的预防

5 环境与焦虑症

·家庭环境
家长 - 指导孩子独立思考问题
- 孩子的情感训练师
- 帮助孩子成长

·校园环境
关注 - 校园里的焦虑
- 考试焦虑
- 校园霸凌

·社会环境
青春期的朋友特点：
- 相同性 - 忠诚 - 秘密

4 相关疾病

成长阶段的关键节点
·2岁前
·2-7岁
·7-11岁
·12-14岁
·15-18岁

环境因素

① 多动症儿童
·缺乏注意力 ·冲动 ·多动

② 抑郁
一种情感障碍 影响 情绪、思维、身体

③ 进食障碍
·厌食 ·贪食 ·肥胖 ·暴食

第四堂课

孩子容易焦虑，该怎么办

[西]西尔维娅·伊瓜拉多·比利亚尔 ◎ 著　张曦 ◎ 译

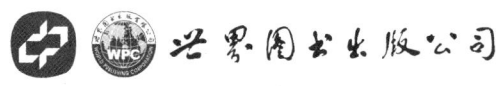

世界图书出版公司

上海·西安·北京·广州

图书在版编目（CIP）数据

解决孩子成长难题的八堂国际训练课 . 第四堂课：孩子容易焦虑，该怎么办 /（西）西尔维娅·伊瓜拉多·比利亚尔著；张曦译 . —上海：上海世界图书出版公司，2020.6

ISBN 978-7-5192-7311-8

Ⅰ . ①解… Ⅱ . ①西… ②张… Ⅲ . ①儿童教育－家庭教育 Ⅳ . ① G782

中国版本图书馆 CIP 数据核字（2020）第 032694 号

Edition © 2018 Editorial Sol90, Barcelona
Chinese Edition © 2020 granted exclusively to Beijing Qianqiu Zhiye Publishing Co. Ltd. by Editorial Sol90, Barcelona, Spain.
www.sol90.com
All Rights Reserved.
Rights licensing arranged by Zonesbridge Agency
www.zonesbridge.com

书　　名	第四堂课·孩子容易焦虑，该怎么办 Di-si Tang Ke · Haizi Rongyi Jiaolü, Gai Zenmeban
著　　者	［西］西尔维娅·伊瓜拉多·比利亚尔
译　　者	张　曦
责任编辑	孙妍捷
出版发行	上海世界图书出版公司
地　　址	上海市广中路 88 号 9-10 楼
邮　　编	200083
网　　址	http://www.wpcsh.com
经　　销	新华书店
印　　刷	天津丰富彩艺印刷有限公司
开　　本	787 mm × 1092 mm　1/16
印　　张	6
字　　数	74 千字
版　　次	2020 年 6 月第 1 版　2020 年 6 月第 1 次印刷
版权登记	图字 09-2019-1131 号
书　　号	ISBN 978-7-5192-7311-8 / G·605
定　　价	25.00 元

版权所有　翻印必究
如发现印装质量问题，请拨打售后服务电话
（010-82838515）

目 录

第一章　简介
2 / 介绍
2 / 常见困扰
3 / 本书目标

第二章　基本概念
6 / 什么是焦虑?
7 / 焦虑症的表现及常见症状
9 / 青少年焦虑
10 / 孩子正常的恐惧感
13 / 怎样判断我的孩子是否患有焦虑症?
14 / 常见反应:孩子在焦虑时的做法

第三章　焦虑症的种类
18 / 广泛性焦虑症
19 / 恐惧症
22 / 分离焦虑

23 / 惊恐障碍

25 / 强迫症

26 / 创伤后应激障碍

27 / 其他焦虑症

第四章　导致焦虑症的因素

30 / 简介

30 / 家庭因素

32 / 环境因素

33 / 成长阶段的关键节点

38 / 焦虑的后果

第五章　其他与焦虑症相关的疾病

42 / 多动症儿童

43 / 焦虑和抑郁

45 / 焦虑和进食障碍

第六章　环境与焦虑症

50 / 家庭环境：家长

51 / 什么是成长？

52 / 社会环境：朋友

53 / 校园环境

第七章　应对之道

58 / 简介

58 / 建议：给家长的策略和方法

66 / 应该避免的行为
69 / 放松的技巧
72 / 需要治疗的孩子
75 / 焦虑症的预防

第八章　家长提问

82 / 家长提问

参考书目

88 / 参考书目

第一章

简 介

介绍

本书属于"解决孩子成长难题的八堂国际训练课"系列丛书，主要针对0到18岁且表现出过度焦虑、不安、恐惧的孩子的家长。这些孩子需要家长正确的引导来帮助他们脱离困境。

我们的目标是为家长提供预防、判断、应对，以及减轻孩子焦虑和其相关问题的方法策略。

因此，本书为家长提供了应对上述常见问题的基本建议、教育策略和方式。

常见困扰

作为家长，每天都要面对孩子在成长过程中遇到的问题和困难。但有时，家长在处理这方面问题的时候也并不是完全准备充分的。

在培养和教育孩子的过程中，家长很可能会遇到孩子出现焦虑不安的情况，这种情况被专家称为"焦虑症"。

家长经常提起的问题如下。

我家孩子焦虑吗？

我该怎么帮助他呢？

为什么他会那么紧张？

孩子的焦虑能说明什么问题？是因为他遇到麻烦了吗？

面对孩子焦虑的反应，家长该做些什么？

我该如何控制孩子目前的情况？

我应该扮演什么角色呢？

本书目标

为了回答上面所提出的问题,我们希望通过本书可以达到以下目标:

帮助家长掌握一些与孩子焦虑相关的基本知识;

讨论家长常见的困扰;

教会家长区别孩子正常的恐惧和病态的焦虑;

帮助家长了解孩子在焦虑下的常见反应;

给家长提供应对孩子焦虑情况的策略和建议;

给家长提供适用的措施来预防、判断和应对孩子不同类型的焦虑症。

第二章

基本概念

什么是焦虑？

焦虑是当人的大脑或者动物的大脑发现生命危险或者威胁时，感知能力增强而产生的正常反应。所以，焦虑对于生存有着重要的作用。具体地说，当我们处于危险情况时，我们的身体会分泌肾上腺素，接着我们会进入警觉的状态，这使得我们可以迅速地避开或者逃离险情，也就是说，焦虑可以帮助我们自救。

但是，当我们的大脑将本无害的情况理解成危险时会发生什么呢？这会立刻导致焦虑的出现，就像真的遇到了危险一样。

因此，家长有必要知道，实际上存在下列两种基本的焦虑症状。

（1）积极的焦虑：面对真正危险情况时的反应。它会让我们动起来，驱使我们寻找解决方案，使我们能够在日常生活中不断发展，当它被用作警觉提醒时，它对我们来说是有益的、积极的。

对于孩子来说，经历这种感受是正常的，也是必要的。感受焦虑并与之抗衡可以让孩子更好地面对生活中的种种挑战。

我们可以从整体上说，焦虑是一种对孩子的成长有益的情绪。

（2）消极的焦虑：这是一种我们回应只存在于想象中的恐惧的反应。它往往出现在并未对我们的安全和健康产生真正威胁但却被我们误当成真正威胁的情况下，以及感觉自己无力脱身或者无法继续享受生活的情况下。

这种消极的焦虑会呈点状出现，但是只有当它持续至少6个月且强烈到严重影响孩子的日常生活和生活质量时，才会被认为是焦虑症。

在接下来的章节中，我们会详细地列举这些焦虑症的常见症状。

焦虑症的表现及常见症状

焦虑症有以下3种不同的表现形式。

（1）生理症状（生物层面）：如出汗、颤抖、面色惨白、心跳过速、呼吸急促等。

（2）认知症状（意识层面）：如内部感知、恐惧、恐慌、忧虑、不安、执念、侵入性思维等。

（3）行为症状（行为层面）：如可见的行为、姿势、表达、逃避和逃跑行为等。

这3个层面之间的关系紧密，并且可以互相作用。焦虑症的症状种类繁多且程度不同。每一个人都与众不同，会以不同的方式对焦虑做出反应，所以并不是只有参照普遍的焦虑症的全部症状才能判断孩子是否患有焦虑症。

最常见的焦虑症症状如下。

持续的紧张、不安或者急躁。

对任何事情都会表现出过度且持续的担忧，经常由于无法控制自己的想法而感到烦扰，经常由于生活中的小事无缘无故着急。

容易疲劳且没有明确的原因。做点事情就会感到累，会感到精疲力竭，而且能量消耗得很快。

难以集中精力学习、思考，或者脑子经常一片空白。

没有安全感并疑心重重。

无故生气、感情脆弱并且反应非常急躁。孩子在家中或学校里容易与人发生冲突。

孩子会变得更有攻击性、易怒、脾气不好、冲动并且爱发脾气。

害怕出丑、害怕犯错误和感到羞愧。

自尊心很弱并感到无力保护自己。

情绪多变，经常会出现情绪上的起伏，脾气阴晴难料。

表现得非常内向、悲伤且被动。

经常会掉眼泪。

饮食方面表现出明显的反常：不想吃饭或者暴饮暴食。

睡眠不规律：失眠、经常惊醒、做噩梦、在自己的床上都很难入睡、需要开着灯或者有家长陪着才能入睡、睡眠质量差、起床后很累，或者睡眠过量，起床困难。

身体方面的症状包括：心跳过速、颤抖、出汗、心悸、憋闷、打寒战、口吃、脉搏过快、有时会感到窒息或者喘不上气、胸闷气短、恶心或者腹部不适、眩晕或者昏迷、会出现麻木感或刺痛感、口渴、感觉喉部堵塞、头痛、胃部不适或出现其他胃部问题。肌肉紧张：运动障碍（包括重复动作、抓挠自己、触碰自己等），以及僵硬或肌无力。

逃避生活中令他害怕的场景。

脑海中充满挥之不去的消极的念头或画面。

遇到什么事都大惊小怪，任何事情都会令他紧张。补考对他来说就等于这一年都是失败的；如果家长下班回来晚了，他就会感觉再也见不到他们了；夜晚的声响在他看来就是鬼魂；泡澡会有溺水的风险；他认为家长之间的小拌嘴就会导致他们离婚。

孩子经常问家长会发生什么，会提前想很多种情况："要是怎么样，会怎么样？"他总是担心事情的结果很糟。

出现明显反常的行为：特别爱洗手、频繁调整坐姿、爱踩地砖……

孩子感到很困惑，记忆丧失，会出现不真实感或者虚弱感，对任何事情都缺乏兴趣或者情绪反应，就好像沉浸在自己的意识中。

会出现决策困难的情况，时常在做决定的时候停在那里、不知所措。有时他会左顾右盼却没有具体的目标。

出现退行性行为：吮吸手指、尿床、咬指甲、说话的方式很幼稚，或者出现说话困难（口吃）的情况。

很容易因为任何事情受到惊吓，比如强一点儿的噪声。

强烈抗拒改变，不喜欢改变自己的生活规律，抵触开展新的活动。

缺乏动力。对于之前一直喜爱的事情不再感兴趣，比如玩耍或者运动……

在竞争、比赛或者考试中会感到压力很大，以及表现得过度焦虑，会流露出很消极的想法，比如"我做不到……"。

人际关系受损，对于他来说，与别人打交道和交朋友是很难的。

学习效率低下，或者出现学习障碍。

需要旁人经常来安抚他。频繁地寻求自我肯定。

对别人的批评非常敏感。

过度地讨好他人。

感情依赖，习惯与他爱的人建立依赖关系。与家长分别时会感到过度惶恐（比如去上学时），害怕与陌生人交流。

青少年焦虑

一般来讲，少儿和青春期的孩子在他们的成长过程中都会经历无数次害怕，其中大部分是暂时的、强度不高的，且不同年龄段的孩子害怕的对象也是不同的。孩子有时会感到紧张、不安或者没有安全感，这都是正常的。有时他们在遇到问题、变化或者新事物时会预见到一些可怕的事情。然而，随着时间的流逝，孩子越来越了解周围的环境，以及人与人之间的关系，这些恐惧和害怕通常会慢慢地消失，此时，孩子也在度过他人生中的每一个阶段。

在孩子恐惧的时候，家长唯一能做的就是去倾听他们、安抚他们，同时也要以自然的方式面对这种情况，面对孩子的恐慌，不要过于担忧。家长的不安，孩子可是能看出来的。家长要设法给孩子传递安全感和信任，让孩子了解：一切都有可能发生，所以要学会控制自己的焦虑，然后继续向前。

但是，在有些情况下，孩子承受的恐惧却超出了正常的范围，这种恐惧会来得更频繁、更强烈。当孩子的恐惧感和焦虑不仅没有消退反而开始影响孩子的生活和日常活动时，孩子可能正在受焦虑症的困扰。此时，家长一定要给予孩子足够的重视。

为了让家长能够区别孩子正常的恐惧和焦虑症，接下来我们会为大家深入地说明这两者的区别。

孩子正常的恐惧感

恐惧感是一种能够帮助孩子避免潜在危险的原始警报系统。焦虑，正如我们前面所述，是机体在面对真正的，以及想象中的威胁时做出的回应，这种回应会让孩子准备好应对险情。所以，恐惧是所有孩子都具备的普遍的、天生的反应。

另一方面，孩子正常的恐惧是出现在孩子成长发育过程中的一系列具有进化能力的预警信号，这种反应不会因为一些创伤性事件而被激发，并且会随着时间的流逝逐渐消退。

这种恐惧是频繁的但也是正常的，这种情绪来了又去。家长不需要强迫孩子必须去面对恐惧然后克服它们。家长可以表现出关注，让孩子去承受这些恐惧，让一切照旧。真正让恐惧消失的是孩子自己逐渐长大这个过程本身，是孩子神经系统的发育，是孩子认知和驱动能力的发展，以及伴随着恐惧感的刺激而来的不同的经历和体会。

害怕黑暗、害怕怪物、害怕一部电影、害怕从自行车上摔下来、害怕考试，甚至害怕认识其他的孩子，这些都是再正常不过的事情了。随着孩子慢慢长大，他们会明白怪物并不存在；会明白只要努力学习就可以通过考试；会知道如何结交新朋友。孩子会发展新的想法、新的资源，以及新的路径去面对和克服造成恐惧的逆境。

不同年龄的孩子所经历恐惧的进化表

年龄	恐惧的事物
0~6个月	强烈的刺激:强噪声,突然失去支撑……
7~12个月	位置的刺激:陌生人,奇怪物体的靠近……
1岁	陌生人、与家长分离……
2岁	动物(大型犬……),黑暗,与家长分离,强噪声(警报声、警笛、大卡车、雷电、吸尘器……),大型物体或机器,身边人的改变
3岁	与家长分离,动物,黑暗……
4岁	与家长分离,动物,黑暗……
5岁	与家长分离,动物,黑暗,身体损伤(伤病、打击……),"坏人"……
6岁	与家长分离,动物,黑暗,身体损伤,独处或者独自睡觉,打雷,超自然生物(怪物、鬼魂、女巫)……
7~8岁	黑暗,身体损伤,孤独,超自然生命,与事件相关的恐惧,对新闻、学习成绩和体育运动的恐惧,害怕出丑,害怕死亡,存在主义类型的恐惧……
9~12岁	身体受伤,打雷,外貌身材,死亡,学习和体育成绩,评估场景(考试、竞赛)……
12岁以上	与个人自尊相关的恐惧(外貌身材、智力水平、学习和体育成绩……),以及人际关系(社会认可、害怕出丑、别人的看法……)

婴儿,自出生到1岁,在头几个月中对于强烈且陌生的刺激都是通过恐惧、喊叫、哭闹,以及整体的不适来回应的,比如:吵闹的噪声、快速靠近的奇怪物体、突然失去支撑、与陌生人待在一起等。所有这些情况都会让孩子感到失去保护,此时孩子有一套自适应逻辑应用程序,即在危险的

时候提醒母亲。

8个月以上的宝宝已经能够分辨家人和陌生人了，在面对一张陌生的面孔时会表现出不安。这也说明孩子能够认出母亲，以及每天照料他的人的样子。他的不安可能体现为当陌生人靠近他时，他会用力地抱住家长，或者大声哭……这个年龄的孩子只能由熟悉的人来安抚。

6个月到1.5岁的孩子开始对刺激的缺失产生恐惧，比如：黑暗，以及身处陌生的环境。

同样，对于8个月到学龄前的孩子来说，当与家长或者与其他亲人分离时，他会感到焦虑。这是很正常的，尤其是当孩子开始上幼儿园或者上小学时。

2到4岁的孩子也会出现对于动物和黑暗的恐惧。

从这个年龄段开始，孩子的认知能力会得到发展，习得能力和符号运算能力都能得到强化。

4到6岁的孩子开始害怕身体受到伤害，以及想象中的超自然生物（怪物、女巫、鬼魂等）。

随着孩子长大，他对过去事情的记忆能力和对未来事情的预想能力都有所发展，随之而来的恐惧会集中在来自未来的或真实的危险上。这些危险不会直接对孩子造成影响，但是它们是有可能在将来发生的。

6到9岁的孩子还会对不真实的和幻想中的事物感到恐惧，同时也会逐渐害怕更真实的情况，比如：害怕身体受到伤害，对失败或者出丑感到恐惧。这个年龄段的孩子的大部分恐惧都与学习有关。

9到12岁的孩子会再次害怕可能到来的灾难和事故：生病、家长间的矛盾，以及所有与学习和体育成绩有关的事情，包括考试和竞赛……

随着青春期的来临，孩子的恐惧会开始向与社交场景有关的情况转移，比如害怕与人交往、害怕其他同龄人的想法、害怕性……同时他也会感受到与存在主义相关的恐惧，比如与生死相关的恐惧。

我们上面描述的恐惧感会随着孩子正常的成长而逐渐消失。如果不是这样，比如焦虑影响到孩子的正常生活和成长，或者孩子表现出很强烈的焦虑情绪，那么这很有可能会最终演变为焦虑症。

孩子常见恐惧的特征：

恐惧是正常的，孩子必须经历恐惧。正如我们前面所述，这种恐惧属于孩子正常成长的一部分，它会让孩子学会保护自己，能增强孩子面对和适应未来生活中的逆境的能力。

对于人类来说，对一些潜在的危险感到焦虑或者恐惧是有益的，比如某些动物、高度、火……这些能让孩子保持警醒、保持专注，从而让孩子的言行变得更为谨慎、安全。

孩子大部分的恐惧都是暂时的，并不会影响孩子的日常生活。

每个年龄段的孩子都有自己害怕的事情。随着孩子长大，这种恐惧会逐渐消失或者被取代。

恐惧和克服恐惧意味着成长，孩子从中能意识到自己的个性、极限和优点。

怎样判断我的孩子是否患有焦虑症？

正如我们所见，孩子存在多种正常的恐惧，所以家长应该这样问："我的孩子是不是特别的焦虑？我该如何判断他是否遇到了问题？"

家长是完全可以发现孩子的不安或者紧张情绪的，但是家长却很难区分这种不安或者紧张情绪到底是在正常范围内还是已经转变为应该引起重视的焦虑症。

那些患有焦虑症的孩子在面对恐惧时感受到的焦虑是非常强烈的，有的会持续很久，有的会非常频繁地反复出现，这对于孩子来说是一种折磨，使孩子无法正常的生活。这些孩子往往不会学着去控制焦虑和解决矛盾，而是自我封闭。所以当面对这种情况时，他们会感到无能为力。

只有了解孩子出现的是什么类型的焦虑，以及他发生了什么事，家长才能判断孩子是否真的患有焦虑症。

在下一节,我们会深入地探讨最常见的焦虑症类型及其相应的症状。

常见反应:孩子在焦虑时的做法

大多数时候,孩子的焦虑是很容易看出来的,孩子表现得特别紧张、好动、忧心忡忡……家长很容易看出来他不正常,但很难判断孩子的情况。因为孩子自己并不知道自己感到焦虑,或者不想面对它,所以他会隐藏自己的情绪。此时由于孩子伪装了自己的焦虑情绪,家长很容易把这种焦虑情绪跟其他的反应混淆,比如懒惰、幻想、坏脾气、缺乏主动性、冲动、怪癖……

孩子应对焦虑最常见的反应如下:

否定现实:这是一种防卫机制,其目的是不接受事实。孩子不愿或无法察觉焦虑。当家长询问孩子情况时,孩子会变得不易亲近、不好好回应或者装作什么事都没有,比如说"没事""骗人""这不是真的"。

逃避:孩子会选择逃避一切可能导致痛苦或焦虑的事物。在面对他害怕的事情时,比如考试、一场陌生孩子的生日会、一场他不愿意参加的活动……他会找出有说服力的借口,比如装作身体不舒服(头疼、胃疼、嗓子疼、呕吐……)来逃避此事。

攻击性:当孩子面对紧张的事情时,他可能会出现暴力行为,比如讨厌家长,或者自己的兄弟姐妹。

辩解:这也是一种防卫机制,孩子会通过富有逻辑性的说明为自己的想法、感情或者行为进行辩解,这样他就不会感觉不舒服了。比如,当他得不到某样东西时会说:"这样做不值得""上学没什么用""我不想学习""我不喜欢踢球""我跟其他的孩子相处不来"……

总把问题归咎于他人:另外一个防卫机制是把问题归咎于他人,比如家长、兄弟姐妹、老师或者某个同学……这是一种很常见的对发生的事情逃避责任的方式，孩子通常会说："他记恨我""你不懂我""我没有足够的时间学习""我没法学习，因为我的弟弟总打扰我""是你的错"……

取悦：要注意有一些患有焦虑症的孩子表面看上去没什么特别之处，他们很顺从，并且很喜欢取悦别人。这样的孩子，家长很难看出他们是否有问题，因为他们往往把焦虑隐藏在希望被爱、被接受的需求之后。

幻想：当孩子无法从身体层面逃避时，就开始从精神层面逃避，所以他通常不愿去想那些让人害怕的东西。孩子经常会做白日梦，沉浸在自己的世界中，会幻想在真实世界中无法得到的满足。

冲动：为了不让恐惧阻止自己，孩子可能会不假思索地莽撞行事，冲动地去挑战自己恐惧的事物，这也是一种避免焦虑的方式。其表现为孩子说话时不过脑子，做作业也草草了事，说话时经常犯愚蠢的错误……

困惑：大部分的孩子在面对焦虑时都会感到茫然、不知所措，但他们并不明白这种不适感是什么原因造成的。无论家长再怎么问孩子，他们也说不上来自己怎么了。理论上来讲，孩子年龄越小，就越难以描述事情，越难以向家长表达自己的感受。

愧疚：有些孩子会因为心情不好、让家里人担心、自己不知所措而感到愧疚。孩子会认为自己要对所有发生在自己身上的事情负责，这是他们的天性。

羞耻感：当孩子发现他们的言行没有道理的时候，或者别的孩子不会这样做的时候，会感到羞耻，但他们不会表现出来，也不会向别人求助。

恐惧：孩子突然对一切事物都感到害怕，感到事情不再受他们控制，这会让他们觉得无依无靠，他们非常害怕孤独、害怕出门、害怕做所有事……

焦虑和身体：

焦虑与身体总是息息相关的，因为焦虑正是通过身体表现出来的。

焦虑是怎么表现在身体上的？

心身疾病：是指由心理因素导致的身体疾病。这种病出现在压力期，是对某一特定时刻的反应。患有心身疾病的孩子更容易生病，身体常出现疼痛，比如胃痛、头痛、恶心、呕吐、腹泻和发烧等症状。

有时这种病甚至会导致器官损伤。尽管病因源自心理，但是症状却真实表现在身体上，其表现为发热或腹泻。有时，即便孩子抱怨身体不舒服，医生也检查不出来任何器官的病症，或者就算结果显示孩子有病，医生也无法从医学角度解释病因。这说明孩子的焦虑正表现为身体上的病症，这有可能是孩子吸引大人注意或逃避压力的方式……

疑病症：是指孩子总是担心自己患有某些疾病。无论别人再怎么跟孩子保证他们是健康的，那些患有疑病症的孩子都依然惧怕患上严重的疾病。他们会通过对一些身体症状表面的和持续错误的理解来得到自己已经生病的结论。每当他们得知一种新的病症，就认为自己会患上这种病，而这种心态给他们带来了强烈的不安。

第三章

焦虑症的种类

广泛性焦虑症（GAD）

什么是广泛性焦虑症？

这是一种以过分担忧、持续紧张，以及没有明显诱因的过度焦虑和恐惧为特点的精神类综合征。我们无法明确地解释这种感觉，它对于孩子来说是很难描述的。它是一种广泛却又不真实的恐惧。

最常见的广泛性焦虑症就是预期性焦虑，即对当前或者未来的情况没有根据的恐惧。

患有广泛性焦虑症的孩子会经常过分担忧未来的事情，担忧过去的行为和每天的日常生活、社会认可，担忧自己的课余活动，担忧家里的事、钱财、自己的能力、学习成绩、健康，以及可能发生的灾难……有时甚至就连想一想该如何度过一天都会让孩子感到焦虑。

这些恐惧是广泛的，也就是说并不聚焦于某一种情况或者某一个物体（与我们接下来将要提到的恐惧症相反）。孩子会随时改变担忧的对象，而且总是将其藏在内心深处。

常见反应：

长期、过分且难以控制地担忧；

疲劳，容易累；

总抱怨身体不舒服：头疼、胃疼或者身体出现其他不适、肌肉紧张或者疼痛，这往往不是由身体原因导致的问题，有时他们也会出现神经性呕吐；

脾气不好；

当孩子遇到变化或者不安全和危险的情况时爱发脾气；

对将来的事过分忧虑；

对朋友、学校或者即将参加的活动过分操心；

时常担忧自己和家人的安全；

睡眠不规律；

缠住家人不放；

不安或没有耐心；

缺乏专注力；

容易一惊一乍；

暴躁；

没法放松自己；

悲观且消沉；

大部分时间总在担忧某件事；

有些孩子的学习成绩下滑，他们甚至抵触去上学；

另外一些孩子则会变得极端负责，即使他们的学习成绩非常棒，但也为此付出了沉重的代价，因为他们就像被判了刑一样，必须服从一切指令；

经常会忧心忡忡地提出一些与将来的事、家庭的经济情况，以及战争和死亡有关的问题；

需要大人频繁地安抚情绪；

即便大人安抚他们，他们也无法让自己踏实下来。

青少年的广泛性焦虑症的症状可能与其他病症包括精神病的症状相似，所以家长首先应该带孩子去医院做一个全面的检查，排除其他病因并得到正确的诊断。

恐惧症

什么是恐惧症？

恐惧症是一种人在面对某种物体或情况时出现的失调反应，这种反应所带来的感受包括夸张且不合理的恐惧。这种物体或者情况会导致孩子极端恐惧和恐慌，会让孩子选择逃避。这种反应是不受孩子自主控制的，是持久的，并且能够限制孩子的生活。

人们将这种病症称为"特定"的恐惧症，是因为其对象仅限于某种特定的物体(比如动物)或者情况(密闭空间)，也就是说，与前面提到的广泛性焦虑症正相反，恐惧症恰好是由某种特定的对象导致的。

恐惧症的表现有哭闹、情绪失控、唱反调、闹脾气，以及强烈的逃避意愿，也可能会出现一些身体症状，比如腹泻、呕吐、晕眩……

孩子可能会对想象中的恐惧做出反应。与成年人不同，孩子不需要意识到这种恐惧有多么不合理。

恐惧症的特点

孩子对于危险情况或者害怕的物品的反应是不正常的。

这种反应是不合理的，孩子无法解释。

这种反应是不受孩子主观控制的。

这种反应会让孩子在面对这些场景和物品时产生逃避的想法。

常见的恐惧来自以下几个方面。

动物：狗、猫、马、昆虫等。

与自然气象有关的现象：暴风雨、风、降雨等。

场景或地点：隧道中、桥梁上、飞机内、汽车中、高处等。

担心自己会发生一些事：害怕噎住、尿到自己身上、呕吐等。

身体伤害：生病、流血、打针等(在这些场景下会出现晕眩甚至昏迷的情况)。

害怕自己睡。

害怕黑暗。

害怕看医生以及牙医。

害怕某个人：学校高年级的学长、数学老师等。

害怕吃饭。

怕脏。

幽闭恐惧症：害怕密闭或狭小的空间，比如电梯、衣橱等。

旷场恐惧症：害怕难以逃出或者让他羞于逃出的地点或情况，比如人群、很嘈杂或明亮的地方、大型购物中心或百货商场、公共交通工具等。

孩子起初会逃避一些地点或情况，这种逃避最终可能会导致他只有在很少情况下，以及非常有限的地点才会感到舒适。

社交恐惧症：

这是一种对暴露在社交或者公共场合中的恐惧，孩子可能会在这些场合中感觉有人注视着自己。他会因此感到极度羞愧，会逃避和抵触任何可能让他出丑或者被贬低的情形。孩子会时常脸红、出汗、语无伦次。

随着孩子长大，他会很自然地与同龄人或者成人打交道。但是，有些孩子在面对社交场合的时候会感到焦虑，他们有时很容易受到惊吓。

这些情形包括：在团体中大声地讲话，开始或者加入一个对话，参加聚会或者会议，交朋友，以及维护朋友关系，回电话或者打电话，口语考试，害怕与除朋友、家人以外的人相处，在公共场合吃东西，参加类似体操这样的活动，看话剧、音乐剧，等等。

这类孩子常常会因为别人的想法而过分地不安，对于批评极度敏感，格外担心自己的言行会被人否定。他们会表现出焦虑并且逃避这类让他们害怕的情况。他们极度腼腆、认真，很少与人进行眼神交流，往往会躲在自己的家中，让他们上街比登天还难，他们总是在家里抱着电脑玩游戏或者使用聊天软件，仿佛只有通过这种远距离的交流方式，他们才能正常地与人交往。

此类恐惧症的表现包括：自尊心很强、消沉、不相信自己的能力、缺乏主见、与别人沟通有障碍。没有被照顾到的孩子会具有很强的逃避意识，这已经成为他的防卫机制。他习惯于将自己与外界隔离，也因此会失去与同龄人相处的成长机会。

区别恐惧症与正常的恐惧方法如下。

正常的恐惧是不影响孩子正常生活的，而恐惧症患者会表现得非常不适应，而且经常会感到不知所措、困惑不已。

正常的恐惧会在其出现后的6到8个月的时间内主动消失。而恐惧症则可以持续很久，可能要持续1到4年才会消失，甚至有可能等孩子成人后才会消失。

当恐惧症持续至少两年时间以上,并且已经达到影响孩子正常生活的程度,对孩子和您的家庭造成了痛苦和不安时,我们建议您咨询专家。

分离焦虑

什么是分离焦虑?

分离焦虑是指当孩子与家人或者和孩子有情感联系的人分别时,会感到强烈的不安和焦虑,比如:家长(尤其是妈妈)、照料孩子的人等。这是孩子焦虑中最常见和最突出的一种表现。

这种害怕与亲人分离的恐惧往往不应该是孩子发展阶段应有的状态。

面对日常的分别,孩子可能会想"爸爸妈妈会不会发生什么事了""他们是生病了吗""他们会不会出交通事故啊""我可能再也见不到他们了""我会迷路的""会不会有人把我绑架了"等问题。孩子会进入一种强烈的焦虑状态,并且这可能会反映在孩子的身体上,比如出现头痛或者胃痛等症状。

孩子很难独自睡觉,当他们在同学或朋友家过夜或者独自在家时。他们属于特别黏着家长的孩子,经常会问爸爸妈妈什么时候下班回家,不愿意独自待在房间里,喜欢在家里的任何地方都黏着妈妈,做事的时候也喜欢跟人套近乎。

很明显,当孩子再次见到家长或者跟家长通电话时,这些表现会消失。但这毕竟是治标不治本的做法。下一次分别的时候,这种矛盾还会再次出现。

如果您家孩子的表现很反常或者远远超出正常范围,并且这种表现已经持续了至少4周时间的话,我们认为您的孩子已经患有分离焦虑。

分离焦虑的特点:

持续地惦记或者担忧自己和家人的健康和安全;

抵触上学；

时常抱怨头痛、胃痛，以及其他身体不适；

想到可能要在别人家过夜时就表现出过度忧虑；

过于黏着家长，在与家长分离时会发脾气或者感到恐慌；

不愿自己独自去睡觉或者在晚上做噩梦；

坚持跟家长一起睡或者让家长其中一个人陪他睡；

害怕某样可怕的东西会让他与熟悉的人分离，时常担心亲人可能会发生些什么事或者不想回家；

害怕独处；

在分别前会大哭并且特别紧张；

大叫、抱怨并且发脾气；

正值青春期的孩子不能自理。

学校恐惧症：

这是一种对上学的强烈焦虑。孩子抵触去上学有可能是由其他问题引起的，比如广泛性焦虑症、社交恐惧症、分离焦虑或者其他与学校相关的恐惧。他们最害怕的事情就是学习成绩差或者在学校受到惩罚。这可能会严重影响孩子的社交和教育两方面发展。

惊恐障碍

什么是惊恐障碍？

惊恐障碍是指孩子遭受突然且反复的惊吓时恐慌发作。其表现为伴随着身体症状的强烈恐惧。相比儿童，惊恐障碍更常见于青春期的孩子。

惊恐障碍的发作相对频繁且没有明显的理由，伴随着严重的身体不适，患者会因此感到强烈的恐惧，同时会出现一系列的症状（症状因人而异）。这是一种让人相当难受的感觉。

有什么症状？

心悸，心率上升；

出汗；

战栗或颤抖；

窒息或者呼吸急促；

感觉被噎住；

胸口痛、胸闷或其他胸部不适；

恶心或胃部不适；

重心不稳，会出现晕眩感或晕厥；

对周遭事物有不真实的恍惚感，会有奇怪的感觉，"感觉自己是个异类"；

害怕情绪失控或者疯掉；

害怕死亡；

身体不同部位会出现麻木或刺痛感；

打寒战或憋气；

会乱想"现在可能会发生不好的事""我快要死了""我快疯了"等。

尽管很强烈，但所有这些症状会在几分钟内消失。

什么是睡眠过程中的危机？

有时孩子会在睡眠中忽然惊醒并出现类似恐慌发作的身体症状，同时非常担心会有严重的事情将发生在自己的身上。

什么是过度通气？

当患者遇到呼吸困难的时候，往往会出现换气过度或者肺部过度通气的症状，比如在胸闷时或者感到窒息、气短时……

什么是预期焦虑？

这是恐慌症发作后的次生状态，对于青少年来说，即便他们不会再次经历恐慌，但依旧担心这种情况会再次发作，即害怕恐惧，害怕再次会出现危机的时刻。这最终会导致一种无力的情况，因为患者会不断地依赖恐慌发作给他带来的征兆和身体感觉，而这会导致患者在日常生活中持续紧张,持续陷入过度警觉的被动处境。

同样,患有预期焦虑的孩子会逃避害怕的地点或者情形,远离恐惧的刺激源,非常依赖他人并且不计后果地想要控制自己的反应。

强迫症

什么是强迫症?

强迫症的特点是反复出现以下症状或行为。

偏执的想法:也被称为执念或者痴迷的念头。它指的是患者脑中强占的、硬入的、挥之不去的想法。它可能包括词语、句子、画面等。这种想法是很难受患者控制的,并且会给患者带来无法挣脱的不适感。

难以控制的行为:也被称为冲动。冲动是指人需要通过做某件事来减轻焦虑或者阻止不好的事情发生。孩子常见的冲动有以下几种:

不停地洗手;

需要重复询问和讲述;

睡觉前总是要做很多事情;

数东西;

频繁地整理自己的房间;

走路只踩固定的地砖;

走在大街上也数东西,比如:窗户、树木、汽车、车牌号上的数字等;

频繁地更换物品的摆放位置;

检查抽屉;

频繁地整理书包和铅笔盒等物品;

触摸物品的边缘;

进行某种迷信的行为;

祈祷和沉思;

会出现某种手势,比如用手指敲桌子。

强迫症看上去有些荒唐，缺乏逻辑意义，但会让患者在内心深处进行一场令他精疲力竭的斗争，这个斗争充满了疑问、不果断，使患者内心不断争辩并伴有持续的威胁感。强迫症富有仪式感的特点源自它会暂时性地让孩子停止某种想法，暂时得到解脱。

人们赋予自己的想法一种神奇而又迷信的价值，"如果我这样做，就能够趋吉避凶。"孩子大概从8岁开始就会出现这种想法。

这些患有强迫症的孩子的特点是：爱整理、爱干净、很准时、想要控制一切需求。他们很难接受随机的事情，而倾向于对每件事都要有把握。随着强迫症越来越严重，它会在很大程度上影响孩子的学习、生活和社交。

很多强迫症孩子觉得自己是异类，认为自己很疯狂，但同时他们又羞于这样想或者这样做，因此，他们通常会努力掩饰自己的想法。

虽然孩子能够意识到自己的想法和行为是荒唐的、没道理的，但就是无法避免这样做。所以，家长不应该去阻止他们表现这些想法和行为，因为这样做只会徒增他们的焦虑。家长正确的做法是去理解孩子无法通过其他的方式来表达焦虑。

创伤后应激障碍

什么是应激障碍？

创伤后应激障碍是指患者会在别人提起或者说起对他本人造成创伤的事件时表现出焦虑的想法。

患者会不自主地通过想法、画面、感情或者噩梦回忆起创伤。所以这些孩子会选择通过各种方式来避免想起会对自己造成刺激的创伤事件。比如：拒绝去曾经发生创伤的地点，抵触任何与创伤相关的场景或物品，对发生的事闭口不谈，抑制自己的行为、感情和想法，甚至会出现精神分裂症。

给孩子造成创伤或者压力的经历可能包括：身体上的虐待或者性虐

待，与亲人的分离，家人或者朋友的去世，自然灾害或者极端暴力的场景，盗窃，事故，火灾，爆炸，飓风，洪水，一个让他心力交瘁的事件，成为一次暴力行为的受害者或者证人，等等。与恐惧症不同，这些生活中的事件是真实的并且危险的。

孩子们可能并不知道如何面对这样的情况，这种情况往往是超出人类经验正常范围的，所以人们大多无法以正确的心态对其做出反应。

此时会出现以下这些症状，并且这些症状通常会持续至少1个月的时间。

症状如下：

睡眠中常做噩梦；

会突然且不由自主地回忆起一些画面和感觉；

会出现消沉、悲伤的情绪；

会变得愤怒、暴躁且具有攻击性；

面对回忆会感到烦躁、不安、恐惧；

会变得消极、感情麻木，在情感上变得疏远；

预警系统会出现反应，过度警惕或者难以集中注意力；

对意料之外的刺激反应过度；

对未来失去信心。

患者的心理反应取决于创伤情况的严重程度和场景，取决于孩子的年龄、内心情感的稳定程度，也取决于情感关系和来自家人和朋友的支持。

这时家长一定要寻求专业人士（无须再等着孩子的症状持续下去）来帮助孩子从创伤情景中走出来。

其他焦虑症

我们建议家长在考虑孩子焦虑症病因的时候，一定要先排除孩子生理上的原因，再去考虑情感原因。一旦确定孩子的病因并不是身体上（器官上）的不适，家长就可以专注于心理方面。

为此，我们要提出两种其他类型的焦虑症，以便家长了解。

物质诱发的焦虑症：青少年可能过度地摄入咖啡因（喝咖啡、茶、可乐、各种能量饮料等）。对于一些青春期的孩子，家长需要判断他们是否服用毒品和酒精，比如大麻、苯丙胺（兴奋剂）、致幻药物、可卡因等。

由疾病引起的焦虑症：这种焦虑是身体疾病直接导致的结果，比如心律失常、低血糖等。如果家长发现自己的孩子出现焦虑症的症状，首先要做的是带孩子去医院做检查，排除其他病因。

第四章

导致焦虑症的因素

简介

焦虑症不是一个单纯的病症，其中交织着各种各样的因素，有生物层面的、家庭层面的和环境层面的。这些因素是导致孩子患上焦虑症的元凶。

刚刚我们提到的生物层面的因素指的是基因遗传的因素，包括：大脑构造、神经递质的产生和控制的突变（大脑中的两种物质——去甲肾上腺素和血清素之间的化学失衡），由神经认知功能缺陷导致的语言障碍等。因此我们建议家长找医生进行专业评估以检测上述因素。

一旦排除了身体方面的因素，我们就可以专注于焦虑症并发现其病因了。

焦虑症是一种症状，这就意味着它是更深层次的其他矛盾和冲突的产物。就好比发烧，要想治好它，我们就必须找到感染的部位——病灶。因此，焦虑就是存在于各种心理层面上的、潜在的且无意识的冲突，就是在面对不果断的内心压力时身体释放的警示信号。举个例子，如果把我们比作一部机器，焦虑就是那盏告诉我们机器的哪个部分出了问题的指示灯。

重要的是，家长不仅要关注眼前的症状，而且也要关注当前或者过去的冲突，这些冲突正在影响着孩子的正常生活。

家长应该关注孩子及其周围的特点：社会环境、人格、信仰、情绪、感受、家庭冲突、家长的教育风格、生活中的经历、造成压力的变化，以及孩子经历的每一个年龄阶段。

家庭因素

孩子们不是孤立的个体，他们也是社会性的生物，就好像海绵，能够吸收并且模仿周遭发生的一切。孩子所在的家庭就是一个完整的系统，其中各部分之间都是相互贯通的。就算孩子还小，尚不能表达自己的想法，也无法明白周围发生的事，但是他们已经能够观察身边之人的情感变化。

孩子会把身边的大人当作自己的榜样，甚至会从大人身上学到大人不愿让他们学到的东西。即便家长尽力隐藏，但孩子们仍旧能够察觉家长的情绪、生活观念、处理事情的方式，以及家长的困难和担忧。

有时孩子的焦虑来自家庭的压力，因此家长要反省自己的态度，以及注意那些可能会在无意中影响孩子的冲突和矛盾。

其中一些家庭因素有可能是：经济和工作上的担忧、家长关系的艰难时期、家庭压力、家长离婚、爷爷奶奶或者外公外婆的问题，以及家中有人意志消沉或者生病……

当上述这些因素发生时，对于孩子来说，这是感情很复杂的时刻，因为就算是家长，他们也会有迷失和困惑的时候。

常见的家庭因素有以下几种。

家人或亲人患有严重的疾病或者存在心理问题（低迷、焦虑等）。

家庭内部未曾被提及或者解决的创伤情况（事故、离婚、离世……）。

教育风格。比如，家中过于严格的要求，家长寄托在孩子身上的期望过多，或者对孩子的过度保护。

家庭矛盾：家长之间频繁地争吵，经济和工作危机，兄弟（姐妹）间的矛盾关系，对年长的老人健康的担忧等。

家长在面对某些改变时的焦虑。比如，家长看到孩子长大有时会感到难过，把孩子放在幼儿园会感到焦虑，要忍受孩子艰难的青春期，得知孩子取得了糟糕的成绩……

重点是这并不意味着家长是造成孩子焦虑的元凶，而孩子表现出的各种问题和情况，其原因就一定与其家里或者身边发生的事情有关。

环境因素

另外一个导致焦虑的因素源自孩子在适应生活变化的过程中所产生的困难。孩子一般面对突如其来的环境或者生活规律的改变会感到有压力和紧张。

人类成熟的过程是以一系列的变化、危机或者生活经历作为标志的。这里的"危机"指的是一个人生命中可能会出现的使其生活失衡的情境。有些人生危机是自然发生的,是生命的各个阶段(成长、进入青春期等),也有一些属于偶然发生的(意外事件、疾病或者亲人的离世……)。

在经历这些危机的时候,孩子会尝试用自己的方式面对。一旦孩子以自己的方式度过了危机,这既强化了这种方式,也促进了孩子的成长。比如,孩子在刚开始上学的时候都会感到不安,但是随着时间的流逝,这会变成一件好事,因为这种不安激发了孩子的自主性,让他更善于与小朋友交往,并且让他学会摆脱困境。

还有一种可能的情况是,孩子的解决办法并不正确,而他也会因此陷入困境。这会削弱他对新的环境和压力的适应能力,从而导致他出现不良行为和反应。这说明孩子可能低估了危险,同时也高估了自己面对危险的能力。

这种病态的焦虑就是孩子在面对这些改变时所表现出的问题,特别是孩子如何适应这些改变。

对于少儿来说造成压力的事件:

身边的亲人、朋友或者宠物去世;

家长分居或者离异;

环境的变化,住处、学校、街区、城市……;

与挚友的决裂,与同学的争吵,或者朋友圈发生改变;

小学升初中的过渡;

考试;

疾病；

其他造成创伤的情况（事故……）。

对于青春期的孩子来说造成压力的事件：
青春期特有的身体变化（女生身体的变化，月经的开始）；
从高中进入大学的过渡期；
突然结束一段恋情；
在国外生活一段时间（留学、外语学习或者度假等）；
独立开始工作。

上述所有的情况都是孩子在生活当中可能遇到的重要改变。对于人们来说，只要出现变化，就意味着自己会感到某种程度的紧张，因为无论这种变化是好是坏，我们都需要适应它。孩子能否克服这些困难取决于他掌握的方法和工具，也取决于他周围的环境和实际情况。

正如我们所说，大部分的焦虑都是暂时性的，而冲突也是能够被解决的。随着时间的流逝，孩子会适应新的环境，同时会继续尝试利用他自己的能力并且随着自己不断成熟而让这些能力得到强化，但是，在有些情况下，孩子无法完成这种适应，反而会陷入困境。我们看到的那些症状就是孩子长期与压力努力斗争的结果。

在某些时期或者关键时刻，压力会达到最大值，这会使孩子的稳定性面临风险。接下来我们会简要说明那些不同年龄的孩子所面临的人生危机。

成长阶段的关键节点

孩子在不同生活场景中（家庭、学校、交际圈……）的社会化进程会根据他正在经历的不同阶段而发生变化。接下来我们会列举出孩子在每个年龄段会发生的最典型的情况，以及孩子在每个人生阶段表现出焦虑的关键时刻。

2岁以前

在第一个阶段，孩子的经历主要包括从出生到学会说话。

小宝宝通过观察和运动领悟这个世界。起初，他会把一切都与自己的身体联系在一起，直到开始学会说话和思考，然后会慢慢置身于一个他此刻仍在构建的世界中。

因为小宝宝总是通过身体和感官，即通过身体和运动来表达自己的需要，所以他们往往会以生病、睡眠和饮食不规律来表现自己的问题。

在这个阶段，对他们影响最大的事情是开始上幼儿园，这对他们来说意味着初次分离，无论是跟家长还是跟家庭。此时，他们也能够察觉到当家庭出现矛盾时，家长会表现得不安。

这个阶段的孩子焦虑的表现如下：

由于害怕被抛弃而难以与大人分离；

抵触上幼儿园；

出现焦虑情绪，需要大人长时间的身体安抚；

出现退行性行为，如尿床、用回奶嘴；

不参与或者不关心游戏；

没有安全感，害怕；

在幼儿园表现出行为问题；

情绪激动，多动；

易怒、发脾气，有时攻击性很强；

饮食不规律，有时不吃饭；

肠胃出现问题，如呕吐、腹泻；

睡眠不规律，做噩梦。

2到7岁

随着孩子学会说话，他在感情和智力方面得到了质的飞跃。这也是孩子社会化的起点，同时孩子也可以表达自己的想法了。这个阶段的特点是象征性游戏、直感能力，以及以自我为中心。家长应该注意的是，这个阶段对于孩子开始上学的初期阶段是至关重要的。

孩子越小，他通过语言来表达自己焦虑的机会就越少。因此，这个年龄段的孩子会通过肢体语言来表达焦虑，比如：腹部不适、呕吐、头痛等。

这个阶段的孩子的焦虑表现如下：

出现退行性行为，如吮吸手指、括约肌失控……；

害怕上学，害怕没人保护他，需要与家长接触；

哭泣或抽泣；

内向；

变得百依百顺，并且很会惹人开心；

好斗并且不听话，或者也可能会出现相反的情况；

他们通过创造的象征性游戏中的虚幻和想象的事物来表达自己的担心，比如会用洋娃娃或者画画来编造故事；

有想象中的朋友；

饮食失常，拒绝吃饭；

出现肠胃问题，如呕吐、腹泻；

睡眠失常，常做噩梦。

7到11岁

在这个年龄段，孩子开始形成自己的个性，开始明白并接受规则，并且开始在学校结交朋友。这个年龄段的孩子已经能够跟他人合作。幼儿特有的以自我为中心的语言和想法会逐渐消失。

他们通过游戏创造想象中的世界，他们的幻想不仅是一种逃避现实的方式，也是一种表达自己感情却又能避免难堪的选择。他们此时已经能够调节自己的感情生活。

从这个年龄段开始，孩子开始明白世界上也存在其他的观点，会感受到新的道德感和团结感。他们会开始建立友谊并发展自己的社交能力。

这个年龄段的孩子的焦虑主要与虚幻的恐惧有关，这会严重影响到孩子的学业和体育成绩。

这个阶段的孩子的焦虑表现如下：

学习成绩差；

交友困难；

脾气不好、孤僻或者孤独；

缺乏专注力；

缺乏安全感；

悲伤（虽然有时他们并不承认）；

好斗，通过发怒和指责来表达困惑和悲伤。

12到14岁

青春期意味着孩子的身体开始出现变化，性意识开始觉醒，并且孩子的兴趣，以及学校也发生了改变。

朋友变得越来越重要。这个时期的孩子也开始结交新的朋友，并且准备跟他们一起出门去了解大千世界，家庭开始退居其次。

从12岁开始，孩子就已经具备提出抽象理论并进行独立思考的能力。孩子在这个阶段主要集中发展个性：对自我进行全新认知，希望在世界上，以及班里占有一席之地。他们经常会问自己"我是谁"。

对于这个阶段的孩子来说，让他感到压力的是小学升初中的过渡，这不仅意味着校园和同伴会发生改变，也标志着孩子的幼年时期已经结束，自己长大了。

这个阶段的孩子的焦虑表现如下：

关于身体情结，当他们越发关注身体变化时，烦恼也开始转移到自己的身体上，他们看到自己已经不再是小时候的自己了，同时对正在发育的新身体感到陌生；

由于所有个人变化产生的不安感导致他们自尊心减弱；

对朋友圈感到恐惧，因为他很重视他的朋友，也因为他自己需要被大家接纳。

开始变得内向，不愿与人分享自己的感受和想法。

往往也变得"闲散"，开始出门消遣。

15到18岁

青少年时期是一个对孩子人格发展具有特殊意义的时期，是一个孩子经历巨大变化和困惑的时期，是一个孩子充满强烈内心活动并找寻自我的时期。

其重要性源于这是孩子从幼年时期到成年时期的过渡阶段。这是一个艰难的阶段，这个阶段的孩子内心充满矛盾，易与他人发生冲突。

在这个阶段，孩子会经历生理上的变化，会追求个性，会发现自我，也会表现出批判精神、叛逆心理，以及对异性感到好奇，会表现出明显的情感波动，会寻求新的经历和计划。

青春期的孩子会处在一种寻找新的可能性、挣脱羁绊、找寻个性的状态中。青春期的孩子将幼年的价值观抛之脑后的同时，也会主动发现新的、与自己正在经历变化的阶段相符的价值观。

对于这个阶段的孩子来说，他们的压力主要来自中学，尤其是高中的结束、身体的变化，以及社会交往方面的变化。他们中的有些人会准备步入社会开始工作，但无论是参加高考还是开始工作，对于他们来说，这都可能会带来不安和焦虑。现在，他们要开始自己做决定了，要自己把握生命的方向，要变得成熟起来，因为他们不再是小孩子了。这种情况会带来一个问题，那就是孩子既希望能够独立、自由，同时也害怕把事情搞砸或者因此感到孤单。

这个阶段的孩子焦虑的表现如下：

缺乏安全感，追求完美主义，亟须得到别人的认可；

自尊心减弱并缺乏自信，会因为现实或想象中的缺点表现出自卑感；

内向、孤僻、活动参与度低；

会遇到频繁且难以解决的矛盾；

在家长面前变得具有攻击性、易怒和叛逆；

被动成熟，孩子表现得比实际上更成熟并以此来隐藏自身的不足；

感到困惑，缺少规划或参照点；

在不同的环境下扮演不同的角色（在家中是个"魔王"，但在外面人见人爱）；

为了实现独立自主而孤立自己、疏远家人；

情绪消沉，缺乏动力，没有根据地感到悲观；

面对压力反应过激，出现适应问题，以往能够克服的困难现在却难以逾越；

对待家庭、社会充满攻击性和失望，想要改变一切，经常把不如意的事情归因于他人，他们在内心深处会感到孤独，无力应付当前的情况，这让他们愈发感到无力和受挫。

饮食失常：厌食或者暴饮暴食，他们发泄焦虑的一种途径就是暴饮暴食；

出现反社会的行为，比如不服从也不接受要求规定、不听话、叛逆、破坏公物等；

将自己置身于危险之中，比如逃学、翘课、不当性行为、打架斗殴、滥用烟草、酒精和毒品之类的物质，甚至出现犯罪行为。这一切都是他们为了逃避自己无法承受的现实而采取的方式。

焦虑的后果

一旦家长确定了孩子所患的焦虑症的类型，最好也要了解这类焦虑症所带来的后果。如果对其置之不理，它会发展成什么样子？将来可能会怎么样？

短期：

与正常的恐惧不同，孩子的焦虑症不会凭空消失，而正相反，会越发严重。因此，焦虑症会导致孩子经历其他类型的感情问题和学习困难。

所以，如果不及时处理，可能会严重影响孩子的生活质量。

焦虑症对孩子的影响可能包括：学习成绩下降，自尊心减弱，以及对自己产生很消极的认识，难以适应家庭和社会环境，人际关系出现问题。

长期：

当他们成长为大人后，患有焦虑症的孩子会出现严重的问题，最常见的后果体现在学习或工作、人际关系、社会和情感等方面。现在相当一部分的成年人伴有情绪消沉、滥用药品、酒精成瘾、惊恐障碍和恐惧症等问题。

也可能出现的一种情况是，他们表面上看起来很正常，但是一旦遇到某些导致他们失衡的关键事件后，这些事件就可能变成引发他们恐惧和焦虑的炸弹。如果他们不知道该如何有效应对此类情况，几年之后还会再次出现类似的问题。

这些人往往会感到无能为力，因为他们缺乏正确面对生活的方法，有时在面临自己无法掌控的恐惧时会觉得自己像个无助的小孩。

由于上述原因，为了帮助孩子避免将来遭遇这些不必要的折磨，同时为他们打下一个远离焦虑的坚实基础，家长必须在这些焦虑现形之前就将它们扼杀在摇篮中。

第五章

其他与焦虑症相关的疾病

多动症儿童

多动症儿童的特点是孩子缺乏注意力、多动,以及冲动。

缺乏注意力:这类孩子很难安排好自己的事,很难达到大人对他们的要求。当有人跟他说话的时候,他似乎并没有在听,给人感觉这个孩子好像在"另一个世界"一样。

多动:这些孩子总是在动,跑着、跳着,手或者脚总是不闲着,不能老老实实坐一会儿。

冲动:这些孩子时常未经思考就做出行动,从不考虑后果,说话也不过脑子,而且总是在别人未讲完话前就打断别人,等等。

多动症的特点:

不断地动;

时常扭动身躯并且动作很紧张;

看上去并没有在听别人讲话;

不服从,挑衅;

很难安静地玩游戏;

有时话很多;

当别人说话的时候他们总爱插嘴或打断别人;

很容易分心;

经常不完成作业;

脾气突变;

自觉性差;

不接受输给别人,所以他们往往不愿承认自己的失败;

冲动,脾气差。

有多动症的孩子很难当着别人的面控制自己的行为。他们的行为总是很难预测,与他们的年龄相比显得很幼稚。有时他们会表现得很暴力,容易在肢体和语言上与他人发生冲突。他们甚至会撒谎、偷窃。

多动症常见的后果有：孩子学习困难、学习成绩差，以及感知困难。当孩子在超过半年的时间内、在两个不同的场合表现出6种或更多的多动症特有的症状时，我们就可以基本断定孩子得了多动症。

建议：

除了对孩子进行心理和精神治疗外，家长在家中也应该创造出一个可靠的环境来培养孩子良好的生活习惯，帮助他安排好自己的生活，并且明确地告诉他家长对他的期望。家长总是需要持续地向孩子明确规则，这样孩子才会理解和遵守规则。孩子每天要遵守相同的作息时间（包括做作业和娱乐的时间），要专门在固定的地方放置他的物品（衣物、学习用品都要归位），要习惯使用日程表和本子来记录每天的任务和作业，等等。

焦虑和抑郁

焦虑通常不会形单影只，伴随它而来的还有其他的情感问题，其中最常见的就是抑郁。

什么是抑郁？

抑郁属于一种情感障碍，是一种会对情绪、思维和身体造成影响的不适感。这种不幸福、沮丧的感觉会日复一日地影响患者，影响他的饮食和睡眠，影响他对于自己的判断和生活的观念。

无论是年幼的孩子还是青春期的少年，都会感到抑郁。青春期的孩子往往会更普遍地出现低迷情绪，会表现出持续的感情起伏。因为这么短暂的时期内却要经历那么多的改变，所以很多青春期的孩子以孤立自我或者厌烦作为自己在遇到无法理解并且不知如何处理的变化时的防御机制。

常见症状：

情绪持续悲伤、消沉或者"空虚"，自暴自弃，不修边幅；

感到绝望和悲观（看不到未来）；

有愧疚感，觉得自己无用或者无能；

对之前热衷的事情失去兴趣；

精力衰减，易疲劳，精神运动抑制（也就是说会有无尽的疲惫感）；

不安和易怒（由于一点儿小事就发脾气）；

出现思考障碍、决策困难、注意力难以集中、记忆障碍等问题；

学习和体育成绩下降；

出现进食障碍，胃口或者体重起伏不定；

忧郁，思念；

人际关系出现问题，较少与朋友们一起活动，性格孤僻；

睡眠不规律，失眠或者嗜睡（要么睡得少，要么特别能睡）；

拒绝上学。

家长应该注意，上述的症状并不代表个人的弱点，也不意味着抑郁在主观上是能够被控制的。那些遭受抑郁的孩子无法简简单单地为自己打气并且使自己立刻就能恢复，感觉良好（成人也无法做到）。

忧伤：

这是人们在面对某种失去时的正常反应。这种失去可能是亲人的离世，也可能是因为分别或者吵架而失去一位挚友，或者是因为搬家而离开生活很久的房子，抑或是因为升入中学而离开生活了多年的校园，等等。因此，我们可以认为人们在经历人生的变故或者在面临某个阶段的结束时会感到忧伤。忧伤是需要被经历、被克服的，这是很正常也是必需的。但如果孩子感到忧伤的时间过长或者深陷其中难以自拔，问题就来了，因为如果这样下去，忧伤可能会演变为抑郁症或者其他的病症。

发现孩子抑郁后该怎么办？

请家长前去咨询心理医生，对孩子进行个人治疗或家庭治疗。如果情况很严重，则需要配合药物治疗。

专家的治疗会改善孩子的这种状况，甚至有可能通过治疗让孩子在克服抑郁之余还能够从中受益或者变得更坚强。

焦虑和进食障碍

青春期孩子的焦虑经常表现在与饮食相关的方面。

什么是进食障碍?

进食障碍指的是某些青少年及其身边的人遭遇困扰时的态度和反应的集合。它会大大影响患者的生活质量。这是一个由多因素引起的疾病,并且与焦虑症一样,它也是患者其他内心矛盾综合的症状。这意味着孩子对食物的表现并非出于主观,不是他想不想吃那么简单。相反,这表明孩子的生活中一定有不正常的方面,而且这是他自己无法控制的……

进食障碍的表现形式有很多,其中最常见的有:

厌食症;

贪食症;

肥胖;

暴食症等。

什么是厌食症?

厌食症是一种精神疾病,主要表现为患者因为对发胖的强烈恐惧而最终导致了体重下跌。

厌食症的特点:

对体重上涨产生强烈恐惧,必须将体重保持在标准线以下;

进行节制性饮食,无法补充营养;

身型扭曲,患者虽然已经非常瘦了但还是认为自己很胖;

吃饭过后有愧疚感并且对自己感到轻蔑;

伴有多动症,运动过量;

年轻女孩会停经(继发性闭经)或首次月经后月经推迟(原发性闭经);

行为失常,极易发怒、悲伤或失眠。

什么是贪食症?

贪食症也是一种精神疾病,其特点是患者反复出现暴食的情况(患者在短时间内摄入大量食物),同时也会非常担心体重失控。

贪食症的特点:

患者常会在冲动之下偷偷摸摸地饱餐一顿;

时常担忧自己的体重和吃的食物;

过度使用泻药、其他药物、利尿性的物质、禁食、主动呕吐等手段来避免大餐一顿之后的体重上涨;

患者的性情会大变,越来越消沉、悲伤,愧疚感加重并且越来越恨自己;

产生不满和煎熬的感觉。

厌食症和贪食症这两个问题就像是硬币的两面。有时从一个问题转变到另外一个问题的过程就好像是经历两个不同的阶段。这些问题在年轻女孩身上比较常见,但是有些小男孩也会遇到这类问题。

上面提到的这些特点都是这些病症可以被观察到的部分,但是这类病症就像是冰山一样:表露在外的比较小的部分都是与食物相关的,而隐藏在"冰山"下面的则是孩子的感情世界,这是被藏起来的一面。仅仅想从吃饭的角度来治疗孩子这个问题是错误的,因为其根源在于内心,这是心理的问题。

我们的感情生活也可以通过我们与食物的关系来表达。因此,在饮食问题上,我们就可以看出我们的情感世界的状况。有时由于外界太痛苦,我们选择用吃饭来麻痹自己,为了追求完美,我们在付出了非常人所能付出的努力后,需要减轻我们这一天的焦虑;或者通过禁食来在一段其他一切都失去控制的时期内让自己感觉至少还有可以控制的事情;等等。

青少年进食障碍的特点:

对自己的体型不满。他们不喜欢自己的形象、自己的体型。这种不满会一直伴随他们左右。

控制情感不当。尤其是那些对他们来说不好的情感,比如:愤怒、悲伤、愧疚、羞耻等。他们总是会努力摆出一副"笑脸",装作"我都可以的",但是却将自己真实的情感隐藏起来。

强烈的自我批评。如果他们没完成目标或者犯了错误,就会折磨自己。

低度自我鼓励。他们在取得好成绩的时候也不鼓励自己。他们会尽量忽略这些成绩。

低度自尊。他们对自己的印象很差,在很多情况下这会导致他们自惭形秽,或者不自爱。

二分法思维。他们对事物的概念通常是"全部"或者"没有"(比如,"要么我胖,要么我瘦""要么我考出好成绩,要么我就不参加考试"),总是思考事情的两个极端,不会取折中的办法。

完美主义者的特点。他们在很多领域和方面都追求完美,却没有意识到完美并不存在。他们对完美的定义使其容不下半点儿错误。

无法承受挫折。他们会急功近利地追求目标和成就("我现在立刻马上就要!")。

控制欲强。他们需要掌控生活中的一切,因为任何的不确定因素都会让他们感到不安和焦虑。

害怕被拒绝。他们极度担忧外界的意见,担忧无法取悦他人,担忧无法达到别人对他们的期望,因为害怕被别人拒绝或者抛弃。

冲动或者抑制冲动。

语言障碍,难以表达自己的想法和感受。

身体意象扭曲。身体意象是每个人对自己的身材都会产生的想法,也是每个人认为自己在大家眼里的样子。

(1)身体意象和身材不是一回事。身体意象的特点指的是它给人带来的价值决定了一个人对自己的看法。身体意象扭曲意味着患者对身体维度在感知上发生了变化。这会导致患者总是进行无谓的比较,以及持续地关注自己的体重。

(2)这一切会错误地导致患者认为自尊取决于身材。但事实上,当一个人对自己（而不是对自己的身材本身）感觉不满意时就会感到不开心。无论青少年再怎样维持自己的体型，如果不改变对自己的看法、不接受自己，就会继续感到不满，长期保持消极的身体意象。

患者害怕吃饭和发胖的原因也来自他们害怕从孩子的身体变为成年人的身体，从而不得不肩负起成年人的责任和使命。

当发现孩子出现进食障碍时该怎么做？

如果家长已经发现孩子患有进食障碍，那么我们建议您寻求专家的帮助。有一些机构能够就如何治疗进食障碍这个问题提供信息和服务。我们最推荐的是跨学科的治疗，比如由心理专家来为患者进行个人治疗，如需药物治疗则需要精神科医生、营养师或者内分泌专家介入，并对整个家庭进行集体治疗。

第六章

环境与焦虑症

家庭环境：家长

世上没有完美的家长，他们只存在于孩子的幻想中。这种对完美的热衷会让孩子失去安全感，如果孩子成长的基础是他对自己有自信，那么称职家长的基础则是对自己为人家长的角色充满信心。

当家长看到自己的孩子痛苦时，作为家长的信心也会减弱。部分原因是家长有意识或无意识地对孩子产生愧疚感，以及自己面对问题时会产生无力感。

家长在面对孩子的焦虑时的常见感受：

无力和担忧；

因为孩子的态度很恼火，所以很容易对孩子发脾气；

感到精疲力竭；

焦虑；

挫败感；

愧疚感。

家长应当扮演什么角色？

除了在基础方面（饮食、卫生、教育、健康等）照料孩子，家长的职责还应该包括以下几点。

（1）指导孩子独立思考问题。让孩子自己解决自己的冲突，以及选择自己的兴趣爱好。为此，家长必须懂得倾听孩子并理解孩子，不过这并不等于对孩子无条件妥协（因为孩子所希望的或者想要的并不都是正确的）。

对于家长来说，最难的恐怕就是行使自己权力的同时引导孩子往正确的方向发展，而不是自己认为正确的方向。

对自己的正确认识可以有效防止家长试图影响孩子的行为。

（2）家长是孩子的情感训练师。家庭是孩子的第一所情感学校。在这里孩子可以学会如何感受自己，以及其他人在面对他们的感受时是如何反应的。家长要鼓励孩子认识自己并且关注自己的内心,鼓励他使用语言来表达自己的感受。孩子对自我的认知将有益于他发展个人潜力和勇敢面对恐惧。

（3）帮助孩子成长。作为家长,你们的义务也应该包括帮助孩子完成他们的目标。

什么是成长?

成长就是经历一个个阶段和改变,在放下某样东西的同时选择另外一样东西。家长也会伴随孩子一同成长,他们和孩子之间的关系也在变化着:孩子小的时候家长要更关心他、照顾他、监督他;随着孩子长大,他开始需要另一种能让他更自主、更负责的关心。

站在孩子的角度,成长意味着能力逐渐变得更强:获得各种能力,无论是知识上的还是其他方面的能力。这会让孩子越发对自己有信心,也越发独立自主,从而使他们通过受益匪浅的新的人生经历继续成长、继续学习。

对于家长来讲,孩子的成长会让他们充满自豪和自尊。此外,随着孩子越来越自主,他对家长的依赖就越来越低,也不再需要家长像之前那样不断地投入了。如果家长帮助孩子充满自信地成长,那么自己也会感到更有信心。其实,家长想要感到安心,并不一定要每时每刻都陪在孩子的身边。

当孩子面临生命中的重要改变时表现出焦虑,家长该怎么办?

家长的职责更多是陪在孩子身边,让他自己学会化解自己的危机,勇敢面对重要的改变。毕竟,孩子学会掌控自己的焦虑和独自面对困难对他来说一定是更有益的。

成长有时会经历痛苦,但这是必要的。家长最好的帮助就是在这个过程中陪伴在孩子的身边,不要介入,也不要替孩子解决属于他的问题。

家长不要忘了自己：

为人家长不代表不再为自己。照顾孩子不应该成为家长忽略自己的借口。如果家长想成为孩子强有力的后援，那就必须照顾好自己。

照顾自己就是倾听自己的需要、认可自己的权利，比如享受休息的权利。照顾自己就是寻求合适的帮助，也意味着有时间陪伴伴侣、家人和朋友，去做治疗、参加活动、锻炼身体，以及进行任何可以让自己放松身心的活动。无论如何，家长都需要留出一点儿关爱分给自己。

孩子固然重要，照顾他们也固然是家长最基本和最首要的任务，但是家长的生活并不应该被孩子填满。家长也要通过交往和各种活动丰富自己。

社会环境：朋友

随着孩子成长，他所处的环境范围也会变得更广，因此他的社交关系也会变得越来越广。在家庭环境的基础之上又加入了新的环境，比如学校和社会。在这里孩子会懂得规则是为大家制定的，他只不过是其中的一员，其他人也很重要。因此，他必须好好地与他人相处。

社会环境对于孩子保持心理健康起着非常重要的作用。很多问题，比如焦虑，在那些交际圈积极向上的孩子身上会得到客观地缓解。

青春期的朋友：

对于青春期的孩子来说，朋友圈变得至关重要。他的朋友一般都是表现出相似的不安和问题的同龄人。孩子可以与朋友分享自己不断产生的疑问甚至焦虑。孩子可以把朋友看作与自己同等的人，而家长或者老师则属于不一样的层级，他们充当的角色也与朋友不同。

青春期孩子的友情的主要特点包括以下几点。

相同性：他们会选择与自己相同或相似的人做朋友；

忠诚；

私密:他们与朋友之间保持很私密且频繁的交流(经常通话、聊天);

他们与朋友之间的关系飘忽不定,时而团结,时而争吵,有时相互嫉妒、打架,有时又能和谐相处。在这种交往过程中,孩子学会了与他人相处,学会了容忍别人与自己的不同之处。

家长与孩子和谐相处并不等于家长一定要成为他的朋友。家长可以鼓励他多交朋友,教会他如何结识和维护朋友,鼓励他与朋友多相处甚至邀请朋友来家里做客,这也是家长认识他的朋友的好机会。孩子们需要满足社交方面的需求从而保持生活的健康。

校园环境

校园是孩子出现焦虑症的首要环境之一。

在这种环境下,孩子常见的反应有:

不想上课,会找各种借口,比如"生病了""早餐后吐了"等;

学习成绩下降;

沉迷于学习;

变得孤立,不再那么合群;

变得很爱攻击别人,经常与别人打架,爱发脾气;

早上不想换衣服和吃早饭,也不想进校门;

缠着送他上学的人,紧紧抓住大人不肯放手。

如果情况变得令人担忧,就需要通知老师,尤其是孩子的班主任。另外,学校里的心理辅导员也可以提供很大的帮助。

校园里的焦虑

孩子在学校中的焦虑主要来自以下几个方面。

正常的恐惧,以及与时间相关的恐惧:开学的头几天,假期后回到学校的适应期,留级、转校后的融入期,幼儿园升小学的过渡期,小学升初中的过渡期,等等。孩子会被迫跟同学分开,离开熟悉的、安全的环境,然后进入到一个不同的新环境中。此外，学校里的课程也会变得更学术化，而不再像以前那样充满趣味性。

在学校出现的实际问题：与某位老师的关系很差，在某个科目上遇到学习障碍，被其他同学欺负，等等。家长在将这些问题作为焦虑症治疗之前有必要先弄清原因。

分离焦虑：极度恐惧与关系密切的人分别。

社交恐惧症：一些孩子在同学面前会感到羞愧，害怕自己被别人关注，害怕遇到窘境或者被嘲笑。而这些恐惧又缺乏明显的动机。

其他校园恐慌：这些恐慌大多跟校园环境（声音、建筑等）有关，或者与在校园内发生的创伤性事件（孩子被迫参加某些令孩子不适的活动，或者一些令孩子感到自己很荒唐的瞬间）有关。

该做些什么？

家长首先要调查清楚是否真的发生了一些令孩子抵触上学的事情。如果是的话，那么家长应当跟学校联系，协商解决这个问题。

如果排除了这种可能，家长就应该去关注孩子的焦虑，重要的是要阻止他继续逃避这种情况。如果家长继续允许他逃避上学，那么这可能一开始能够减轻他的痛苦，但实际上家长这样做不仅会让他误以为他的恐惧是有道理的，而且还会使他的焦虑在他下次上学时加重。

如果孩子的抵触情绪非常严重，家长不可能送他去上学，那么这时孩子就有必要尽早接受治疗，以便尽快解决问题。这种情况必须由专业人士进行指导并且循序渐进地开展治疗。学校的心理专家会为这个治疗的过程提供帮助，因为他在家长和老师间扮演着顾问和调和者的角色，比较擅长解决此类需协调处理的问题。

考试焦虑：

有一些孩子，尽管平时的学习状况很棒，无论是课堂上的学习效率还是课后作业的完成情况都差强人意，但是他们一遇到考试就会发挥失常，脑中一片空白，就算他们知道答案，也会因为过度紧张而无法正确作答。

孩子在考试前感到紧张或者有压力是很正常的。可以说孩子某种程度的预先焦虑有助于保证其高效的复习。但是对于一些孩子来说，这种焦虑却变得过于强烈以至于他们根本无法集中精神。他们中甚至有人会出现心跳过速、颤抖、手心发汗、咽部异物感、胃痛或头痛等症状。有人甚至也会在考前出现不利于考试的想法："要是特别难该怎么办？""如果我什么也想不起来该怎么办？""如果我考试的时候吐了……"

此类焦虑通常出现在特别在乎成绩的孩子身上，他们很在意能否正确地回答问题，或者由于想把事情做到尽善尽美而感到不小的压力。

这些孩子往往爱操心，对自己要求非常严格。他们不愿接受错误，很喜欢评判并且在无意中给自己施加了很大的压力。

这时家长需要跟孩子沟通，让他们降低对自己的要求，鼓励他们集中精力准备相关科目的考试，但是要勇于接受错误，因为这是学习过程中的正常现象。家长帮助孩子提高成绩，保证他们有个好身体也是很重要的：要保证睡眠，保证饮食，同时采取一些放松的技巧来帮助他们缓解压力。

校园霸凌：

霸凌一词来源于英语bullying，是指发生在校园中的任何形式的心理、身体或者口头形式的虐待，这种行为会在一段时间内反复出现。霸凌多发生在教室中、课间、学校的操场上。往往会有同学目击霸凌事件，但是通常没人插手。

霸凌所包含的暴力一般属于情感上的暴力（辱骂、嘲笑、威胁等），多见于12到13岁的孩子间，这也是他们正步入青春期的关键时期。

这种行为的受害者往往是性格内向、缺乏安全感、易顺从的或者相比同龄人不够成熟的孩子。这些孩子通常都过于依赖别人并且被家长过度保护。

这种恐吓会严重影响受害者的自尊心和与同龄人交流的社交能力。

如果家长怀疑孩子是校园霸凌的受害者，那么首先要弄清楚这是真实存在的，还是由孩子内心的矛盾所导致的。对于孩子来讲，沟通是无比重要的，因为跟大人聊聊发生的事情然后分享一下他的焦虑，能够减轻他的痛苦并且给他希望，让他知道一切都会好起来的。家长要告诉孩子，你们是支持他的，他并没有任何过错，同时联系学校，并且按照辅导员的建议处理问题。家长一定不要直接找施暴者的家长当面沟通，而是要通过学校，因为在这种情况下，学校是最适合的调解人。

第七章

应对之道

简介

家长首先要明白焦虑症是可以治疗的，并且及时的诊断可以预防焦虑症在现在，以及将来对孩子各方面造成的问题，比如：自尊、社交和友谊、学习潜力、个人的成长等。

家长和老师，作为跟孩子最亲近的人，在帮助孩子预防和治疗焦虑症方面扮演着十分重要的角色。

在孩子经历给他带来压力和不安的情况或者主要事件时，家长应该陪在他的身边，这样能够尽可能地减轻他的焦虑。家长也应该适当教育孩子，以增强他的个人能力，帮助他战胜恐惧，鼓励他经历新的事物，养成健康的生活习惯。但是，家长具体要怎么做呢？

建议：给家长的策略和方法

1.家长自己：

家长首先应该做的任务是分清自己的情感和孩子的情感。这就意味着家长必须先审视自己作为家长的态度，然后找到那些自己在面对某些情况时遇到的困难，这样才能避免把自己的一些感情投射在孩子的身上。

这需要家长审视自己的恐惧和焦虑，并且意识到自己会在无意间将这些情绪传递给孩子。非常常见的现象之一就是家长会把自己的不安和问题都传递给自己的孩子。然而要做到这一点却不容易，因为家长并不乐于承认自己的恐惧。

但是为了帮助孩子，家长就要做到对自己诚实，要扪心自问："我是不是也感到焦虑？""为什么会这样？""我的周围有什么让我焦虑的矛盾吗？"

所以，在治疗孩子的焦虑问题之前，家长首先应该正视自己的问题并着手解决这些问题。最好的办法就是意识到这一点后从长计议,家长可以跟其他成年人沟通,比如伴侣,朋友等。很多时候,治疗都是一个不错的能够让家长以正确的方式思考和反省的方式。此外,这也是家长在帮助孩子这项重任上的有力的支持方式。

家长应该主动照顾好自己,这是家长对自己负责的表现。只有这样,家长才能更好地帮助孩子。当家长这样做的时候,不仅不再将自己的焦虑和困惑传递给孩子,还会成为孩子在控制自己不安情绪方面的好榜样,这样一来,他们也能学会照顾自己。

2.孩子:

家长在解决了自己的焦虑之后,接下来就可以着手治疗孩子的焦虑了。

家长应该在孩子需要你们注意他们的时候去理解他们,不要蔑视孩子的恐惧,要试着去理解这后面的原因。孩子这样做有可能是因为他们不舒服,而且很多时候连孩子自己都不知道是什么原因。与大人不同,大部分患有焦虑症的孩子并不能意识到在面对某些情况时,他们的焦虑程度已经超过他们的承受极限了。因此,既然孩子自己无法判断他们感到的恐惧是否正常,这就需要大人来帮助孩子进行判断了。在他们能够自己处理自己的焦虑之前,家长需要先照顾他们。这并不意味着家长对他们的恐惧什么都不做,而是要认真倾听这其中的原委。

家长有必要从各种源头搜集信息。为此家长必须重视来自家人、学校的老师、班主任、照看孩子的人,以及儿科医生的意见。

让孩子做一个全面的身体检查。因为很多病症的症状都跟焦虑症很相似。一旦排除了其他病症的可能性,家长就可以寻找焦虑症的病因了。

从日常生活中对孩子重要的事件入手查起。尽管对大人来说,这些事件无关紧要,但是对于孩子来讲却可能是相当关键的,比如:弟弟的出生、上学、与同学打架、换了一位老师、遭到了某人的批评、在某个科目上遇到了学习问题、跟校长约见、身边有一位经常给他施压的同学等等。家长不应该忽视这些事情的重要性,相反,要设身处地地为孩子着想,去理解这些事对孩子有多么重要，并且理解孩子是不知道如何独自面对这些问题的。

跟孩子聊聊那些让他害怕的事情，聊聊您如果遇到这些事情会是什么感受。要让孩子敞开心扉，说出他的担忧、疑虑和感情。

要注意给孩子时间让他组织语言，不要试图用草率的建议阻碍孩子诚挚地表达自我（孩子在面对痛苦的时候经常会用这种方式来减轻自己的焦虑）。家长必须有足够的耐心让孩子表达出自己的想法，同时确定那些您真正想要知道的事情，"是什么让他感到不安？""最坏的情况会是什么？"，然后就自然会找到给孩子提建议的机会了。

家长有必要在沟通中发掘孩子内心深处的想法。这些话语的价值在于它们能够包含、整理并表达孩子内心深处感受到的恐惧。当孩子学会口头表达自己的不安时，家长可以教会他如何给自己的感受命名。家长这一行为会让孩子感到安心，因为孩子终于可以说出自己的感觉并且说明自己的焦虑了，而在此之前，这些都只是闷在他的心里却道不出的复杂感受。如此一来，孩子的恐惧感就没那么强烈了。

当孩子想要告诉家长什么事情时，家长需要学会倾听，要在意孩子的话，放下手头的事情看着孩子，给予他足够的关注。如果此时您无法做到这些，那么可以把对话推迟到您能够腾出时间主动听孩子讲话的时候。相比草草了事地听孩子说话，不如静下心来专注地听他讲完。如果家长正在因为孩子生气或者感到烦躁不堪时，那么最好还是等自己冷静下来再跟孩子对话。总之，家长要营造一个轻松愉悦的跟孩子沟通的氛围。

为了更准确地理解孩子，家长需要跟孩子进行多次交流，要寻找合适的时机跟孩子交流。

家长没必要强迫孩子谈论他的感情。如果孩子还没准备好，那么家长也不要强迫，但是要鼓励孩子与你们交流，在孩子想要沟通时你们要随叫随到。

有时，让孩子跟除家长以外的其他人交流也是不错的选择。有些孩子在跟外人交流的时候更有信心，因为在与家长交流时，他们会在不知不觉中担心被家长否定，或者害怕面对家长的恼怒或惩罚，又或者担心家长无法理解自己，或者担心自己会对家长卑躬屈膝，或者让家长过于担心。家长不要忘了，孩子喜欢夸大他们的恐惧。

家长要成为孩子的行为榜样。孩子会模仿他们亲近的人解决问题的方式，并把这些行为变成自己的行为。因此，家长不光要鼓励孩子正确的言行，同时自己也要以身作则：

（1）要表达出自己的感受，不要隐藏；

（2）要面对困难而不是回避问题。从长期来看，家长主动面对问题要比袖手旁观对孩子更有益。家长要主动地寻找解决办法，不要回避问题，也不要等着问题自己解决，不要授权别人来解决问题，更不要把问题延后解决。克服恐惧和焦虑的关键在于去面对它们，这会让孩子知道问题总会被解决，就算一个人最初会感到困惑，但是最后一定有能力去面对困难。

掌控自己面对造成焦虑的情形的反应，以及孩子在面对焦虑时的反应。

鼓励孩子，让孩子变得更坚强。要祝贺他取得的进步，表扬那些他做得好的、做得对的事情，不要追求完美也不要太在意速度。要不慌不忙地关注事态的进展。要明白这是一个漫长的过程，随着孩子逐渐有信心，他会变得更有能力，事情的结果往往也会更令人满意。

教育孩子，培养他的各种能力，特别是面对挫折的能力、手段、策略，以及一切可以用来面对问题和感情的有效方式，而这些都关系到孩子的自尊心。正如我们所知，自尊心是一个人对自己的主观评价，想要增强孩子的自尊心，就需要培养他的自主性，让他获得信心，能够付出无条件的爱，以及得到足够的安全感。

要培养孩子自主解决冲突的能力，家长不要颐指气使，要让孩子自己去面对困难、自己做决定。

我们每个人对自己的依赖感都是在日复一日的积累中养成的，这取决于我们每个人的经历，取决于我们所做的事情、面对的困难，当然，与此同时我们也要承担犯错的风险。只有通过这种方式我们才能够学会克服困难。家长可以问问自己的孩子："遇到同样的情况，换作是你，你会怎样做？""你的决定会带来什么样的后果？"

一般来讲，孩子需要从小开始学着承担责任。他可以帮家里做一些小家务，比如整理床被、摆放桌子、把面包从厨房拿过来、洗碗，等等。随着孩子长大，这些家务也可以变得更复杂和繁重一些。

对于青春期的孩子来说，家长应该让他逐渐学会独立，让他慢慢地处理自己的事情，比如吃饭、用钱、书面工作，以及自己设定学习时间等等。家长不仅要避免检查孩子的事情，更不要去评论他自己完成的事情。孩子如果在一开始很吃力，或者不知道怎样做，又或者做不好，这都是正常的，慢慢地都会学会的……

给予孩子信心和无条件的爱：家长的认可和接纳能够增强孩子的自尊。孩子需要确定家长是很爱他的，并且家长爱的是他而不是他所做的事情。

给孩子足够的关怀，告诉他：家长为他感到自豪，爸爸妈妈很享受有他陪在身边的感觉。

告诉孩子家长理解他的担忧。无论孩子的困难严重与否，家长都要关注孩子的问题。

要信任孩子，信任他的能力，相信他自己可以克服困难。要用事实证明家长信任他。

责备孩子的时候要做到对事不对人。比"你真懒"更好的表达方式是"你没有学习"。

要时常重复关爱的话，孩子需要反复听到家长这样说。

了解以下几点可以帮助孩子感到安全。

（1）提供支持。家长应该表现出理解孩子，只要孩子需要帮助，家长就一定会出现在那里（但这不代表要替孩子做事）。

（2）营造出认可的氛围。不要对孩子要求过严，要结合实际情况对孩子的能力给予肯定，要接受孩子的局限性。

（3）要宽待、包容孩子，要以积极的方式回答孩子，要让他感觉家长在关注他、在认真听他说话。

（4）对于年龄更小的孩子来说，安全感来自于熟悉的日常生活规律（同样的吃饭、睡觉和其他方面的习惯……）。

（5）要让孩子知道自己在爸爸妈妈的照看下会安然无恙，家长会一直照顾他直到他长大，直到他能够自己照顾好自己。

家长要明白孩子对于自己的情感行为是没有自控力的。这不是主观意识的问题，家长不要强迫孩子非要做到这点。家长想要帮助孩子，就要每天问问他感觉如何，在日常的小事上多支持他。

跟孩子讲道理，让他多思考。孩子会因为自己的感觉、期望和对自己说的话而感到焦虑，但是却不会停下来思考一下。家长可以帮助孩子让他以客观的方式看待这些事情，从而避免自主的消极想法；家长可以告诉孩子："如果你还没有尝试过，又怎么会知道你不行呢？""其他小朋友又没有告诉你他们的想法，你又怎么会知道呢？"……

帮助孩子面对变化，比如换学校、搬家、朋友圈发生改变……家长要明白这些改变对于孩子来说意味着分别。家长要倾听孩子的困难，解决相关的问题。家长要清楚孩子在适应新的环境之前都是会经历阵痛的，因此，不要去催促他们，也不要忽视他们。这时的孩子需要家长更多的保护、支持与指引。

孩子要有个人空间（身体和心理层面），这对他的健康是有益的。房间要按照他的喜好布置，要尊重他的私人时间，要尊重他与朋友相处的时间。家人同样也要拥有自己的朋友，有朋友在，家人的人际关系就会有新的活力（比如跟其他成年人出门，伴侣之间的甜蜜时刻……）。孩子的焦虑不应该成为全家生活的中心。家长也无须每时每刻都关注孩子的焦虑，这只会让情况变得更糟。

帮孩子养成健康的生活习惯。孩子的饮食要保持健康均衡，孩子也要经常锻炼身体。健康的饮食和适当的体育锻炼有助于改善孩子的情绪，从而让他更放松。除此之外，保持规律、稳定、有秩序的日常作息，无论是在时间上还是在饮食习惯上都是对孩子有益的。

鼓励孩子寻找新的兴趣和喜欢的活动，让他多增长见识。建议孩子多尝试新的事物，这既能让他认识形形色色的人、结交新朋友，也能让他在新的情况下更深入地认识自己，发现自己的能力和爱好。当然孩子也会遇到各种各样的问题，然后锻炼自己解决这些问题的能力等。比较推荐的方式是家长预先安排好孩子喜欢的体育和文化活动。

拓展交际网络能够让孩子获得陪伴感、增强自尊心并且拓宽视角。社会支持是一个人生活中的重要支柱。因此，家长应该允许孩子跟其他孩子一起出去玩或者一起去郊游，参加同学的生日聚会，睡在同学家，按规定的时间回家但是不要太严格……孩子的朋友越多，他会感觉越好，在遇到困难的时候会感到有更多人支持他，从而克服困难。

家长应该在所有负责教育孩子的人之间创建一个沟通群组，这样彼此间可以经常相互沟通孩子的问题。比如家长、照看孩子的人、老师，以及其他跟孩子亲近的人应该建立共同的战线来协力解决孩子的问题，这就意味着这些人要拥有统一的评判标准，要往同一个方向使劲。

玩耍也是一种表达自我的方式。欢快的游戏可以帮助孩子释放压力。在游戏中孩子能够发泄情绪，比如，孩子经常会把对自己重要的事物画出来。

进行放松的活动，或者运用放松技巧。这个方法可以有效地帮助孩子学会以更泰然的方式生活。家长可以把这些活动或者技巧当作一种游戏来进行。在本书稍后的章节中，我们会为大家介绍一些简单的练习。

将安心踏实感传递给孩子：保持淡定，不要过度害怕也不要过度焦虑。家长要重视孩子的恐惧，但这不意味着要跟着孩子一起焦虑。

家长需要明白不会有人真的会因为焦虑死掉，就算症状再引人注目也是如此（尤其是恐慌发作时）。患有焦虑症也不代表这个人会失去理智或者疯掉，人的身体是可以自我调整的。

在孩子做事的时候家长要表现出波澜不惊，孩子需要知道家长此刻很放心，此时是不会出什么事情的。如果家长被孩子的焦虑所感染，孩子是能够察觉到的，然后他们就会认为真的会发生什么事情。

家长要意识到人生路漫漫,克服其中遇到的困难不是一个轻松的过程,可能会充满坎坷、失望甚至低落。因此,耐心是必要的。

在必要时求助。如果家长已经被孩子的焦虑所感染,并且感到无力应对当前的情况,此时可以向家人、信任的朋友或者专家寻求帮助。

家长要想照顾好孩子,就先要懂得照顾好自己,要让自己适当地休息和放松。

对待年龄小的孩子该怎么办?

需要肢体接触,如拥抱他、亲吻他;

通过语言来安抚孩子;

将平静和安全感传递给孩子;

要让孩子感到家长的爱和保护;

跟孩子一起玩,通过游戏和故事与孩子交流;

表达对孩子的支持和信任,孩子总是需要家长持续地照料和信任,他也需要相对固定的作息时间和规律的生活习惯。

该怎么对青少年?

鼓励他跟家人以外的人多聊聊自己的问题和感受。孩子跟自己家人以外的人保持重要的关系也是一件有益的事情。

家长要倾听孩子,理解孩子。

要鼓励他多交朋友,可以依靠朋友。

避免谈论孩子该做的和不该做的事,把这些事当作单纯的理论即可,最好按照特定的价值观来规范孩子的言行,因为这些价值观会在家长的以身作则和反复实践中定型。

要给孩子足够的信任、关爱和支持,就算孩子不会公开表示接受这些,但他们心里明白家长是可以依靠的。

家长要对自己的决定保持坚定,不要因为孩子的质疑和指责而倍感压力,从而改变自己的决定。无论如何都要记得青春期的孩子需要经历矛盾和冲突才能独立,才能发现自己的人格和特点。这是正常的,也是有益于他们的。

家长要了解毒品的特点和危害，同时也要让孩子了解这些知识并进行相关的思考。

如果家长发现孩子出现例如进食障碍、服用毒品或者犯罪等自毁行为时，必须及时寻求专家的帮助，请专家帮助孩子安全地度过这个迷惘的时期。

要坚信孩子在这个特殊的时期一定会经历矛盾和困难，但是要确保他有能力照顾好自己。

一定要对孩子有一个长期的规划。

应该避免的行为

无论孩子的恐惧看上去多么荒唐，家长都不要无视、嘲笑，或者把它当作儿戏。不要出现类似"这种想法太傻了""别这么胆小""这是小孩子才会有的问题""你已经不是3岁小孩了""很快就过去了""拜托你不要再说蠢话了"这样的表达。这些表达不仅帮不到孩子，还会导致他们的紧张感加剧，因为家长这么说，就好像是说孩子的感受不正常，这会让孩子更焦虑。家长这么做是没有道理的，但它带来的痛苦却是实实在在的。

家长无须掩饰或者否定发生的事情。如果孩子的焦虑很频繁且很明显，那么无论对家长来说承认孩子有焦虑症有多么困难，家长都要弄清楚孩子到底发生了什么。

家长不能不重视孩子的行为，总找"他还小""他有点儿特殊""没事的，很快就过去了""他就是胃不舒服了"这样的借口。殊不知家长这样做是在冒险地把焦虑症的症状当作是孩子的行为方式，而忽略了其他可能性。

我们给出这样的建议是因为有些症状可能会暂时消失，然后在一些情况下反复出现，所以有些家长更愿意等着，他们认为时间可以解决一切问题。

不要质疑孩子，向他提出类似"你为什么会这样做？"这样的问题。因为大部分的孩子其实并不知道自己为什么会感到害怕，或者他为什么要坚持某种特殊的习惯。

不要让自己被孩子的恐惧所影响。家长无须理会孩子的症状，而要关注的是孩子的焦虑。也就是说家长不应该自己吓唬自己，比如：孩子每次面对考试或者其他事件的时候都会备受折磨，这时家长应该注意这背后一定是有原因的。

如果家长关注的是表面的现象，让孩子留在家中（这种做法大部分时候是在回避使孩子焦虑的场景，这时孩子的症状就会立刻得到缓解），那么这样做其实是在鼓励他的逃避行为。如果家长过马路就是刻意为了避开狗的话，那么家长这种做法就是在帮着孩子逃避。尽管很多家长十分习惯帮助孩子逃避或者回避让孩子焦虑的活动，但实际上这只会延长或者加重他下次面对同样情况时的焦虑。家长要做的是鼓励孩子去经历恐惧并且表扬他的勇敢，而不是去"拯救"他。无论如何，家长都要支持孩子，让他感到家长在保护他，要让孩子大胆去做令他恐惧的事情。

不要过分地保护孩子。过度保护孩子会使孩子的自尊心变得很脆弱。哪怕家长会心疼孩子，也不要替孩子把事情做了。孩子应该学会自己解决问题。家长替他解决并不能让他学会摆脱困境的方法，只会让他在每次遇到困境时都依赖家长、求助家长。

一些家长不愿意孩子重蹈自己的覆辙，或者因为自己没经历过，就想让孩子在经历困难的时候能够轻松一些，这时他们忽略了错误的价值，这种价值体现在孩子在经历错误的时候也能够从中学到一些东西，并且提高他们对挫折的承受力。

每当家长看到孩子难过的时候都会错误地认为他是受害者。实际上家长应该继续把他当作一个符合这个年龄特点的正常的孩子，如果家长不帮助他成长，孩子最终会出现不成熟的行为，或者比其他同龄人显得更幼稚。那时，他的恐惧行为会越来越频繁，他会更无力面对这些困难。

不要对孩子过于严格。有些家长给孩子定的目标过高，望子成龙、望女成凤，他们对于孩子寄予了非常高的期望，同时对自己和孩子都持有完美主义和批判的心态。有时这种心态就算家长不会明确地表达出来，也会无意识地流露出来（通过评论或者只在乎结果的态度……）。

家长的严格要求会令孩子感到压力。比如，孩子会担心自己如果不能取得他们期待的分数，就会让他们失望。

家长应该接受孩子能力的局限性，并且告诉孩子他的价值并不一定体现在高分上。家长要避免完美主义的陋习（学习到深夜或者做一件事重复无数次直到做到完美）。家长要给孩子制定一个时间表，以及一个符合现实的学习目标。

不要让课外活动填满孩子的生活。虽然家长让孩子参加不同的课外活动有益于开发孩子各方面的潜能，但是也不要过分地追求课外班的数量，以及在这些方面对孩子要求过高。由于孩子要满足所有人的所有要求和期待，所以会感到疲惫不堪和压力重重，最终可能会觉得自己做不到这些。所以我们建议家长按照孩子的实际情况制定一个时间表，让孩子同时在学习、课外活动、娱乐，以及休息当中投入适当的时间。

不要替孩子决定他应该参加什么活动。课外活动应该是孩子喜欢的，而不是家长中意的。有些家长总是希望孩子能够参加一些他们小时候没参加过的活动，而这样的活动，长期发展下去，就会造成孩子的焦虑。家长要听取孩子的意见。家长要确定孩子到底对什么感兴趣，因为有时他们可能认为孩子喜欢某个活动，但实际上孩子是为了取悦他们才这样表现的。

不要让自身的问题影响到孩子。家长不应该以孩子为由忘掉自身的问题。很多时候家长都会在孩子身上看到由自己的问题无意中导致的一系列反应、感受或行为。如果家长将自己的焦虑投射到孩子身上，那么这就等于是把大人的各种焦虑变成了唯一的焦虑：担心孩子会焦虑，家长觉得这样做不对，因此家长会感到焦虑和痛苦。

家长要忘却自己的不安，要让孩子成为他自己问题的主角，要相信这才是家里唯一的问题。这个办法很常见，家长可以用它来掩饰其他令人痛苦的问题（比如夫妻间的矛盾、家长的不如意、来自工作的压力、思念等）。

不要为无法避免孩子的焦虑而感到自责。家长不能勉强自己去解决孩子的问题，去帮助他避免一切悲伤和痛苦，这也不可能实现。家长只需要陪伴着孩子，在必要的时候给孩子适当的帮助即可。

不要全身心地投入到孩子身上而忽略了自己。这看上去有些矛盾，但如果孩子一味地接受家长倾力地付出，那么他是不会主动去培养照顾自己的能力的，因为他在现有的生活方式中并不需要这样做。他会把这种行为理解成别人牺牲自己（就是一种不考虑个人的表现），而这种想法对他的自尊并没有起到积极的作用。孩子需要成长，需要变成熟，也需要成为一个独立自主的人。他需要了解家长，同时也需要重视自己、关爱自己。

放松的技巧

视觉放松练习是一种常用的放松技巧。家长同样可以把这一技巧应用在孩子身上。为此，我们建议房间应该保持安静，家长可以播放一些让人轻松的背景音乐。服装也是一个重要的因素，着装应该以舒适宽松为佳。

益处：

可以排出肺部的沉积毒素；

增强肺功能并增强生命力；

缓解冲动情绪；

增强神经系统的活动；

增强身体抵抗力；

维持大脑控制的交感神经和副交感神经系统之间的平衡；

有助于集中注意力。

放松和专注：

雅各布森渐进式放松法：放松练习包含收紧肌肉和放松肌肉两个步骤。每次肌肉保持紧张大约5到7秒钟的时间。

（1）告诉孩子："找一个舒服的姿势，轻轻地闭上双眼，然后尽可能地放松你的肌肉。"

"当你收紧和放松的时候要集中注意力，体会身体的感受。不要担心你的想法，不用刻意回避它们，顺其自然，让这些想法一边进一边出就好。"

（2）先从呼吸开始练习：慢慢用鼻子吸气，保持住，然后轻轻地用嘴吐气……再吸气，保持，然后慢慢、慢慢地吐气，不要着急，一点一点来。

"让空气有节奏地从你的肺里进出，然后慢慢地让呼吸变得更缓慢、更深。"

（3）现在缓慢地给孩子一些时间让他绷紧某部位的肌肉然后再放松："握紧右手，松开。绷紧右臂肌肉，放松。握紧左手，松开。绷紧左臂肌肉，放松……（家长也可以帮助孩子进行更精确的练习，一一说出手指、胃部……的名字，最好针对孩子的年龄选择适当的语言和时长）。

（4）接下来要慢慢地使注意力集中。现在，慢慢地动动手指……然后是脚踝，然后抖一抖腿，弯一下手臂，甩一甩手，伸伸胳膊，完全地伸展自己……现在，缓慢地睁开眼睛。

专注力练习：锻炼专注力能够加强思维，强化意志力，使思想明确，并且让头脑充满能量和平静。这个练习也有益于学习，因为当我们增强专注力的时候，记忆力也得到了改善。在开始练习前，我们应该花大概两分钟左右的时间先放松身体，调整呼吸。

专注于某个声音（如钟表的嘀嗒声等）。闭上双眼，然后专注于钟表的嘀嗒声。如果此时感觉正要因为某些念头分心，那么就反复将专注力集中回来，然后继续专注于钟表嘀嗒的声音。可以试着数数自己能够专注多长时间。

专注于一幅赏心悦目的（彩色的）画。目光锁定在画面上，眼睛不要眨。然后闭上眼睛,在眉心处呈现出那幅画面。当画面消失,睁开眼再次注视那幅画。然后再次闭上眼,如此往复。

步行放松:这个练习的关键在于协调呼吸和走路运动,每一步都需要配合呼吸过程中的每一步骤。练习通常有4步:吸气,保持,呼气,再保持。对于每个步骤家长要给予一定的时间,比如:3次吸气,2次保持;3次呼气,2次保持。

视觉化:

这个练习的关键在于让孩子想象不同的令他愉悦的场景。这个练习旨在将练习的益处与令人放松的画面相结合。反复进行这个练习会让孩子在将来想起这些画面时感到放松。

令人愉悦的场景:飘在云端,穿行在一片清新的绿色森林之中,在沙滩上休息,尽情地享受着充满芳香气息的花园,等等。

孩子可以将身体功能与想象中的元素相结合:深呼吸的同时想象肺部是一个大气球,然后让这个气球慢慢放气,或者将自己想象成一只全身被控制的牵线木偶,等等。

在想象中创造一部电影:让孩子在脑海中想象出带有色彩和声音的场景。要给孩子提供足够的细节以便他能够构造出更明确的画面,然后基于这个画面,孩子开始描述这个地点,以及所有他所看到的东西。孩子以这种方式,可以将想象中的地点变成他自己的个人空间,里面有他喜欢的一切。比如:孩子乘着飞毯翱翔于天际,然后说出他看到的场景;又或者孩子发掘了一座荒岛,然后描述出他遇到的东西和看到的景色等。

对于年纪更小的孩子,家长可以使用泰迪熊、洋娃娃,或者可爱、舒适的小动物的形象来帮助他们。孩子可以在纸上画出,也可以在脑海中构建出令他愉悦的场景。总之,要让孩子作为伙伴参与到这个视觉化练习当中来。

其他的技巧:

"衡量恐惧"练习:如果孩子能够想象出恐惧的程度,那么就能够更轻松地把它描述出来。孩子可以通过数字(从1到10进阶)或者用假定的水位来描述恐惧的程度：是没过脚面，还是没过腰，抑或是已经淹到了脖子。

"接近"练习：这个练习主要是指以逐渐的方式让孩子面对恐惧的场景或物体。家长可以给孩子一个例子（触摸一只狗，钻进电梯里……），但不要强迫孩子这样做。这样做的目的是向孩子证明接近这种场景或物体不是危险的，也不会带来不好的后果。渐渐地，以游戏的方式，家长帮助孩子逐渐面对这个场景：首先陪在孩子身边，然后让孩子把他们当作"安全基地"，每当遇到危险，就及时回到他们身边……孩子会渐渐适应这种接近过程中的每个步骤，从而逐渐适应这种接近行为。

"肯定"练习：家长要教孩子一些积极的句子，让他在感到焦虑的时候一遍一遍地重复。比如"我相信我自己""我可以做到""我很淡定""我会好的""我得救了"……孩子可以默默重复这些句子，也可以大声说出来。这样做的目的是让孩子停止脑中无休止的想法，然后将注意力只集中在一句话上。

需要治疗的孩子

当家长怀疑自己的孩子已经患上焦虑症时，会考虑是否需要寻求专家的帮助。家长会问自己："我的孩子需要治疗吗？""我什么时候需要给他找一位专家看看？"……

接下来我们会为大家提供一些方法来判断是否需要看专家。

当焦虑症的症状已经非常明显，并且已经严重影响到孩子和家长的生活。

如果焦虑症源自一场变故，而孩子在回归正常生活后仍无法适应。

如果孩子在改变前本身就存在问题，而改变又给他带来了严重的情感失衡或不适。

如果孩子的焦虑症有加重的趋势并且开始影响到孩子正常的家庭生活、社会交往和学业；如果孩子的行为出现连续的变化，继而表现出持续的不安,并且无法回归到正常的生活和游戏中。

在这些情况下,家长有必要寻求专家的帮助来解决这个问题。家长需要寻求可能会帮助他们解决这个问题的专家:精神科医生或心理医生,无论是针对孩子个人还是针对整个家庭。

精神健康专家会对青少年的焦虑情况进行评估和诊断,然后按照诊断结果判断是否有必要对孩子进行治疗或者寻找适合孩子的治疗方案。通常来讲,提前治疗能够有效预防将来的问题。

孩子需要治疗这件事不应该让家长对自己帮助孩子的能力产生怀疑,甚至对孩子产生愧疚感。治疗本就是很正常的事情,是在必要的时候帮助孩子的一种常见手段。

如果家长错误地认为孩子独自做事就会变得更坚强,强迫孩子独自走出困境,那么这种做法只会适得其反。所以,接受专家的帮助不光对解决孩子目前的问题是有益的,而且从长远角度来看对孩子的个人成长也是有积极作用的。

治疗指的是什么?

治疗方法的种类繁多,因人而异,大体上有个人治疗、家庭治疗,以及在某些情况下的药物治疗。

个人治疗能够帮助孩子理解并面对他的恐惧,我们会在后面对此进行详细的阐述。

家庭治疗主要指通过解决家庭成员的问题来解决整体问题。这种治疗方法主要借助沟通和交流过程,将整个家庭都囊括在孩子的治疗当中,在需要的时候帮助孩子解决因为家庭问题导致的内心矛盾。

药物治疗只在必要的时候进行,比如当孩子的症状非常严重且难以控制时,此时,专家需要评估孩子的症状后推荐适合的用药。常用药包括镇静剂和抗焦虑药物,通常搭配抗抑郁的药物一起使用。

药物治疗一般需要搭配其他治疗方法来进行,因为药物可以让孩子暂时控制住自己的焦虑,而其他治疗方法能够解决更深层次的病因。

其他用来治疗儿童焦虑的辅助手段包括冥想、放松技巧、天然草药以及其他营养保健品。

心理治疗

心理治疗主要用于治疗由焦虑症引起的孩子内心的混乱。心理治疗对孩子来说将会成为他的一个空间，在这个空间里孩子将会自由地表达自我，也会面对他的恐惧，从而成长起来。

家长需要跟孩子说明，心理治疗可以帮助人正常面对自己的问题，可以让被治疗的人感到安静和快乐。

随着心理治疗的进行，孩子会慢慢地发现自己可以面对和克服内心的恐惧了。

当家长第一次带孩子去咨询专家进行检查时，可以告诉孩子这只是一个测试，同时孩子也可以认识自己的心理医生，问他一些问题，顺便看看跟这个医生在一起的时候会不会感到舒适、安全、被理解……

专家会倾听孩子的任何表达，然后会为孩子解释如何进行治疗，同时引导他。求助心理专家的主要优势有以下几点方面。

心理专家能够处理家长通常无法触及的孩子的情感问题。

心理专家的语言使用更为得当，并且他们能够看穿问题的本质。

心理专家会帮助孩子创建一个属于自己的特殊空间，让孩子能够自由地表达。

心理专家可以教会孩子正确面对焦虑。

通过心理治疗，孩子的沟通能力会得到加强。

心理治疗会促进孩子的成长。

心理治疗还能够促进情感教育，能够改善孩子与自己，以及他人的关系。

心理治疗有利于孩子的教养和社会化。

心理专家可以引导家长，帮助他们理解孩子的问题，并为他们提供解决办法。

为孩子成长为健康的成年人打下坚实的基础。

焦虑症的预防

一般来讲，培养健康的生活方式（包括身体和情感方面）有利于预防焦虑症。另外，我们也需要找到与自身价值观契合的完善的教育体系并了解焦虑症及其特点，以便当焦虑症出现一点儿苗头的时候，我们就能够判断出来。

（1）保证良好的饮食：要吃得健康，同时避免那些对身体造成沉重消化负担的，以及那些在短期、中期和长期内会造成健康问题（肥胖症、胆固醇过高等）的饮食习惯。家长也要避免孩子饮用刺激性饮品（能量饮料、含有咖啡因和瓜拉那提取物的饮料），并且保证孩子规律且舒适的用餐时间、休息时间，以及无须承担义务（作业、家务活）的时间。

可以预防焦虑的食物：那些富含镁和维生素B的食物，比如全麦食物（燕麦、小麦、大麦），坚果类食物（核桃、榛子、杏仁），蔬菜（生菜、菠菜、卷心菜、苦苣、花菜等），酿酒酵母和小麦胚芽。同时，我们也建议让孩子多吃一些水果和豆类食物。

草药：菩提香、蒲公英、母菊、西番莲和缬草……

（2）保证休息：要保证孩子获得足够的休息，理论上要保证8个小时睡眠时间。不要让孩子因为过多的校外活动而感到压力过重，而要让孩子在周末时间或者假期内充分放松和娱乐。

（3）保持身体锻炼：适当的体育锻炼或者运动能够帮助我们放松。团队运动（篮球、足球、五人制足球等）除了增强体质外，还可以提高孩子的社交能力，让孩子在结交朋友的同时学会团队合作。如果条件允许的话，可以带孩子去户外多接触自然，可以散步、骑自行车、在田野间度过一天，或者爬爬山。

（4）保证良好的情感培养，最常见的方法如下。

给予关爱。

家长和孩子间要相互信任。

学会倾听，询问孩子的感受，要让孩子知道家长在乎他的感受。

赞扬孩子的长处，增强他的自尊心。

行使家长的权利，家长需要在权利和责任两方面对孩子进行教育。

设立要求和准则。

相互尊重，信任不代表可以不尊重彼此。

培养价值观。

鼓励孩子表达兴趣，去思考和行动。

学会思考自己的行为会造成的后果，即锻炼评估能力。

培养责任心，这包括认识自己的行为给自己和他人带来的后果。

支持孩子的努力和坚持，不要只在乎结果。

教会孩子接受失败和克服挫折。

培养孩子应对新的挑战的能力，同时也要考虑其能力的局限性。

鼓励孩子培养好奇心和新的兴趣。

培养孩子与他人交往的能力，以及换位思考的能力，鼓励孩子去分享、去帮助别人。

教育孩子不要用物质手段与人交往。

避免拿孩子跟别人（他的兄弟姐妹、朋友等）比较，既不要比优点也不要比缺点。

不要替孩子做他该做的事情，让孩子自己去尝试，就算他做不好也要让他学着自己去做。当孩子有机会去做选择时，他们会学着自己解决问题。如果家长替孩子做了选择，他们就永远学不会自己做选择，更不会表达自己的偏好。

家长自己不要说谎，也不要允许孩子说谎。

避免大声喊叫。

不要理会孩子对自己的威胁。

承认自己的错误,这样孩子在犯错的时候也会承认错误。请求原谅是获得别人尊重的一种不错的方式。

不要诋毁孩子或者嘲笑孩子,不要开这类玩笑。要注意跟孩子说话的方式。

家长要融入孩子的学习环境中:他的班级、考试、作业和朋友……这样做并不是为了控制孩子,而是为了了解他的学习情况和个人发展情况。

要规定相对固定的时间和地点让孩子完成家庭作业。

家长要尽可能地参与学校组织的家长活动。家长的参与对于孩子的兴趣,以及孩子的学习都是非常重要的。这也是一个家长了解其他家长和学校人员不错的机会。

鼓励孩子认识自己,包括他的感情和喜好……

除了要了解教育子女的基础方法外,家长也要懂得灵活地让自己对孩子的教育适应孩子每个阶段的变化。

(5)设立规矩:这意味着家长需要坚持不懈地贯彻自己的方针,行使自己的权力。这里的权力指的是一个人对其下属的权力(下属不意味着依赖,他是独立的人)。比如,到时间了,让孩子上床睡觉。

很多人会将这种权力与家长专制相混淆,专制是指基于顺从,按照发号施令的人的主观意愿和需求来行使权力。比如让孩子在饭桌上闭嘴,因为只有大人才能在吃饭时聊天。

怎样设立规矩?

要和蔼:不要生气,家长要求孩子遵守规定是因为家长爱他,也是因为这样对他好。

要坚定:言出必行,绝不要让步。

不要多次重复一件事。

要有耐心。孩子们会试探家长的容忍度,这是一种孩子获取自主性的方式。

要及时:不要因为已经过去的事责备孩子。

要贯彻自己:不要一会儿允许一会儿又不允许,不可以朝令夕改。

家长要信守承诺,无论是好的承诺还是不好的承诺。因此,家长在许下承诺的时候最好不要冲动。有时,家长会在烦躁的时候说一些无法长期实现的话。比如,因为孩子犯错就罚他一个月不能看电视,这就不大可能实现。如果孩子知道家长用不了几天就把这个惩罚抛之脑后的话,那么下一次他就不会把家长的话当回事了。因此,家长要冷静地决定惩罚措施然后毅然执行。

责备孩子时要对事不对人:"你这种行为是不对的,你不要这样做。"

不要成为孩子的朋友,做他的家长就好。

不要给孩子双重信息。如果家长希望孩子学到东西,那么最好就是以身作则,不要说一套做一套。

不要威胁或者敲诈孩子。

结论

焦虑是孩子成长过程中的一个重要的部分。正常的恐惧会随着时间的流逝,随着孩子的成长而消失。

当焦虑让孩子受罪,并且影响到他的日常生活,或者当症状变得非常严重和明显时,这就不再是正常的恐惧了。此时家长需要面对的正是焦虑症。

焦虑症是一种症状,其出现说明孩子生活中出现了某方面的问题,所以家长需要先弄清楚孩子患上的是哪种类型的焦虑症,以及病因是什么。家庭、环境、重大的改变和危机都可能是导致孩子出现焦虑症的因素。

家长应该关注孩子的焦虑,多跟孩子沟通,多倾听孩子,帮助他表达自己的不安。为了帮助孩子,家长首先要培养他的自主性,让他尽量独自面对自己的恐惧,同时要为他提供支持、信心、稳定、习惯、规定和界限。此外,家长也要让孩子培养自己的朋友圈和兴趣爱好,鼓励孩子积极参加他热衷的活动。

在必要的情况下,专业的治疗能够使孩子变得更坚强,并且能为孩子将来的发展打下坚实的基础。

第八章

家长提问

家长提问

> 我2岁的儿子最近突然害怕所有事情,尤其是到了晚上睡觉关灯的时候。我想知道他是不是有什么问题?

首先您应该了解一下您的孩子恐惧的事情和他的行为是否符合这个年龄的孩子的典型情况。您可以读读相关的书,或者问问其他家长,咨询幼儿园的老师或者儿科医生。如果这属于孩子演变阶段的正常现象,就比如您家孩子这个情况,那么孩子的恐惧很有可能在一段时间后就自己消失了,因为这属于孩子成长过程中的正常情况。

大部分此类恐惧都可以通过家长给予孩子的信任、支持,和一定的时间解决。家长可以先用一盏小夜灯或者一把手电筒来帮助孩子,也可以给他讲睡前故事……这不代表可以忽略孩子的焦虑,家长应该时刻关注孩子的情况,以防止问题加剧、持续时间过久或者变成长期问题。

> 我家孩子9岁了,最近他总是沉迷于一些迷信的东西。他对自己的衣物、铅笔都有特殊癖好,甚至当他上街的时候也沉迷其中……我担心他是不是得了某种病?

您描述的这种情况在8至10岁的孩子当中很常见。这不代表他患有强迫症。通过迷信,孩子会传达出发生在他身上的事情并且把这些事情归因于外部原因,比如:运气、巧合或者命运,所以他会认为事情不会按照他的意愿发展,而穿某件衣服或者走路时踩某块砖会给他带来好运(考试时带着某支铅笔代表他一定会通过考试,穿上某双袜子代表比赛他总会赢……)。

一旦这些行为影响到他的正常生活,或者持续时间过久,家长就要考虑请专家给孩子进行诊断了。

> 我们让孩子转学了,过了一段时间了,他还是没法适应,现在他很焦虑并且每天都显得很紧张。我们该怎么办?

家长需要注意的是,搬家或者转校对于孩子来讲是比较复杂的情况。他会因此与熟悉的环境和朋友分离,然后需要慢慢地重新获得信心并适应新的环境和同学,所以一开始孩子很紧张是正常的,他遇到的困境甚至比家长预想的还要困难得多。孩子的适应能力取决于他的年龄、性格和能力,一旦他遇到的同学已经建立了自己的朋友圈,他就很难融入进去。

家长能做的是陪在他身边,每天关注他,问问他是否在学习方面有什么问题、喜不喜欢新的老师、会不会因为班里的同学感到不安,还可以鼓励他在这个过渡期内与以前的同学保持联络。当家长发现问题已经爆发时,应该约见孩子的班主任、辅导员,或者学校的心理医生,以便了解他们的意见。

> 我们有两个孩子,老大5岁了,今年我们刚得到一个女儿。自从有了妹妹,老大的行为就开始反常:晚上朝我们喊叫,不想一个人吃饭,而且隔三岔五就生病。我们该怎么办?

孩子生活中的变化时常会引起他的紧张，比如兄弟姐妹的出生。兄弟姐妹出生之后，家庭的生活会重组，住处、习惯，特别是家庭成员之间的关系会发生变化。新的情况会改变孩子跟家长之间原有的关系。孩子可能会认为你们不再像之前那样在乎他，所以他会吸引你们的关注，会变得更幼稚，因为他想让你们像对待妹妹那样对待他。这种情况下，你们一定要让孩子知道你们还会像以前那样爱着他，没人能够取代他，他不会因此而感到孤独或者被抛弃，妹妹只不过是另外一个跟他分享事物的人，你们既爱他也爱妹妹。

> 我女儿15岁了，她得了贪食症。她接受治疗已经好几个月了，但是她的焦虑还是很严重，而且每次都是通过不停地吃东西发泄焦虑。我不知道这是否正常，更不知道该怎样做？

贪食症，同其他的进食障碍一样，属于一种长期发展的疾病。这说明您女儿的问题不是突然出现的，而是逐渐形成的，治愈她也需要一个过程。所以治疗的效果需要长期才能看出来。此外，治疗过程中孩子会经历由内而外的改变，换句话说，家长首先要改变她的心态，让她在情感方面做出改变，然后症状才会慢慢地消失。

如果您的女儿已经在接受治疗了，那么您就应该相信这个过程。症状会逐渐消失，同时她也会逐渐感觉到自己变得更坚强了，又能掌握自己人生的方向了。

同时，家长也要注意在这个过程中会出现不同的阶段和起伏，期间会交织着相对正常或者愉悦的阶段和相对严重的症状（反复出现、危机或者"暴跌"）。孩子的症状在治疗初期甚至会加剧，这是很常见的，因为此时孩子一直以来认为有效、合理的事情和感情正在发生变化。

家长不要因为孩子的症状反复而焦虑或者一惊一乍,要相信,每进一步就是一场胜利。就算进步再小,家长都应该赞扬,应该鼓励孩子这种进步。因为这实在是太不容易,也太重要了。

> 我儿子很怕狗。起初没什么问题,如果在公园遇到狗,只要我们不靠近它就什么事也没有。但是之后我儿子甚至连公园都不敢去了,所以我们不再去公园了。然而现在他连家门也都不敢出了,因为怕在街上碰到什么。我觉得我们已经无法解决这个问题了。

孩子和他身边的任何人都有可能患上恐惧症,特别惧怕某样东西,比如您家孩子害怕狗,是生活中常见的,以及很难避免的情况。有时扩展来看,焦虑甚至会包含越来越多的对象,比如公园、街道……这是因为回避让自己害怕的场景能够带来某种次生的愉悦感:不那么紧张了。但也正因此孩子的行为得到了巩固,所以他会选择继续回避甚至会变本加厉。

为了避免这种情况,你们应该包容孩子的恐惧,让孩子感觉你们理解他。但是家长不能让恐惧侵占孩子的正常生活,也不可因此而改变孩子的生活规律。孩子应该懂得生活中总会有一些事情让人害怕,但不应该因此就放弃这件事。而且随着时间的流逝,一切困难都可以克服。

> 我儿子17岁了,他时常发作焦虑症。症状出现得很突然,并且没有任何原因。孩子会脸色惨白、无法呼吸,他认为他快死了,并为此焦虑不已……我很担心他会出什么事。

焦虑症的发作有时出现得很富有戏剧性,其综合征也是非常引人注目的。事实上,焦虑症本身并不会造成严重的身体创伤,但家长需要担心的是它为什么会发作。一方面,孩子在发作的时候会感觉很糟糕,害怕这种情况再次出现。另一方面,焦虑症的一次次发作正是在告诉家长孩子的生活出了问题。我认为,家长可以通过治疗来弄清楚焦虑症发作的原因,从而明白整件事情的原委。

> 我们有个7岁的女儿,她内心充满恐惧,而且非常依赖我和她妈妈,甚至连跟其他家人待在一起对她来说都很费劲。她拒绝去参加小朋友的生日聚会,拒绝参与任何不在家里举行的活动。而且,就算在家,她也需要我们一直陪在她边上。我们对她可以说已经很爱护了,从不强迫她做她不愿做的事,但是现在我们甚至会想是不是我们应该强迫她做一些事呢?我们该怎么办?

您的女儿害怕面对任何可能导致她离开你们陪伴的情况,并且在面对恐惧的时候总是要你们陪在身边。她需要陪伴,如果没有得到的话会感到迷失和失去保护。她总黏着你们,这样她可能很难成长、很难独立。

首先你们最好审视一下自己是否会因为她不再是一个小女孩而感到焦虑,或者是否你们的爱和关心已经变成了对她的过度保护。被过度保护的孩子会感到焦虑和缺乏安全感,你们应该鼓励她逐渐开始独立完成一些事情。

你们可以鼓励她一点点地做起来,跟她聊天并告诉她,她外出回来的时候,你们还会在家里。让她从小事做起,比如:让她一个人在卧室里,每次待的时间久一些。同时你们也应该让她开始跟其他家人待在一起,并且开始跟其他小朋友一起做一些事情。刚开始的时候可以从孩子比较信任的最亲近的家人入手，然后随着她逐渐习惯，家长循序渐进，鼓励她尝试和新的对象接触。

> 自打我儿子进入青春期后他整个人都变了。小时候他很听话，很会疼人，现在却是个刺儿头，招人讨厌。跟他一起生活很痛苦。他把家里弄得天翻地覆，他的焦虑、他的混乱会影响到我们每一个人。

孩子进入青春期很有可能会引发家庭危机。这不光是因为孩子正在焦虑地经历着改变，而更多是因为家长自己也没有处理好这种情况。一方面，孩子改变了，可能变成了一个"陌生人"，好斗且无法控制自己。另一方面，孩子的青春期也让家长无意间想起自己的青春期，想起自己是怎样糟糕地经历这一切的。

青春期的孩子变得不易相处是很正常的，但问题的关键是他影响到了整个家庭。此时可能出现了一些问题，要么是孩子患上了某种疾病，要么是家长并没有很好地树立形象。家长应该意识到孩子的问题自己也有一部分责任，这种情况是正常的也是暂时的，家长不要被孩子的态度吓到。家长应该保持冷静，应该理解这是一场孩子为了找寻他将来成为成年人的新身份而进行的斗争，为此，他才不再遵从家里条条框框的规矩。

参考书目

• BELLOCH, A., SANDÍN, B.y RAMOS, F.(1995), *Manual de Psicopatología* (Vol. 2), McGraw-Hill, Madrid.

• BETTELHEIM, B. (1988), *No hay padres perfectos*, Barcelona, Crítica.

• BRAGADO ÁLVAREZ, C. (1994), *Terapia de conducta en la infancia: trastornos de ansiedad*, Madrid, Fundación Universidad-empresa.

• BUENDÍA VIDAL, J. (1993), *Estrés y psicopatología*, Madrid, Pirámide.

• CANO-VINDEL, A. (2002), *La ansiedad. Claves para vencerla*, Málaga, Arguval.

• DOLTÓ, Françoise (1990), *La causa de los adolescentes. El verdadero lenguaje para dialogar con los jóvenes*, Barcelona, Seix Barral.

• MARDOMINGO SANZ, María Jesús (1994), *Psiquiatría del niño y del adolescente. Método, fundamentos y síndromes*, Madrid, Díaz de Santos.

• MENÉNDEZ, I. (2007), *Alimentación emocional*, Madrid, Grijalbo.

• PIAGET, J. (1964), *Seis estudios de psicología*, Madrid, Ariel.

• SANDÍN, B. (1997), *Ansiedad, miedos y fobias*, Madrid, Dykinson.

• WADDELL, Margot (1998), *Comprendiendo a tu hijo de 12–14 años*, Barcelona, Paidós.

• WINNICOTT, D. W. (1993), *Conversando con los padres. Aciertos y errores en la crianza de los hijos*, Barcelona, Paidós.